KB264245

고정관념의 작용기제

고정관념의 작용기제

최 일 호 著

KSI 한국학술정보㈜

머 리 말

　인간은 고정관념적 존재이다.

　흔히 고정관념이라고 하면 부정적으로 생각하는 경향이 강하지만 인간은 고정관념과 함께 살아간다. 지역감정이나 인종적 편견, 성 차별의식 등 고정관념의 부정적 폐해가 있는 것도 사실이지만 고정관념은 인간의 정보처리를 보다 신속하고 효과적으로 하게 하는 긍정적인 기능도 갖고 있다. 인간이 사회화 과정을 통해 언어를 배우고 또한 이것을 사용해서 사고를 하고 사회적 상호작용을 하도록 운명 지워진 존재인 이상 고정관념의 영향에서 벗어날 수는 없는 것이다.

　고정관념적 사고란(stereotyping) 어떤 사회적 대상을 그 대상이 속해있는 일반적 범주특성에 따라 판단하는 것을 말한다. 우리는 어떤 사람의 직업, 출신지역, 연령, 출신학교, 남/여의 정보만 갖고도 그 사람에 대해 다양한 판단을 할 수 있다. 즉 어떤 직업의 사람은 어떻고, 어느 지역 사람들의 성격은 어떻다 하는 식으로 말이다. 이러한 고정관념은 때로 편견과 차별을 야기하여 지역감정의 원천이 되기도 하고, 부당한 차별을 낳아 사회적 정치적 문제로 발전되기도 한다.

하지만 복잡하고 모호한 사회적 대상을 일반적인 범주에 의존하지 않고 개별적 특성에 따라서 정보처리를 한다면 이것은 판단자에게 과도한 정보처리의 부담을 주게 될 것이다. 왜냐하면 사회적 자극은 통상 매우 복합적이고 모호한 경우가 대부분이고, 이에 비해 이런 사회적 자극을 처리하는 인간의 정보처리 체계는 가용한 처리자원이 상당히 제한적이기 때문이다. 따라서 복잡하고 다양한 세계에서 자원이 제한된 처리자로서 지각자는 정보처리의 효율성을 위해 다양한 단순화 인지 책략을 사용하게 된다. 이런 상황에서 사용하는 대표적 책략이 사회적 범주화(social categorization)이다. 사회적 범주화란 대상이나 사건을 그것이 갖고 있는 개별 특성을 중심으로 처리하는 것이 아니라, 그 대상이 속한 일반적 범주에 근거하여 처리하는 것이고, 범주화된 대상은 그 대상이 속한 일반적인 범주의 속성이 부여된다. 이러한 사회적 범주에는 역할, 직업, 집단, 사건 범주 등 다양하다. 우리는 범주적 처리에 의해 신속하고 효율적으로 사회적 대상을 처리할 수 있게 된다. 예를 들어 어떤 사람이 길거리에서 이상한 옷을 입고 기묘한 동작을 하고 있을 때, 우리가 이것을 전위적 공연이라고 범주화하면, 이해하기 어려운 사건으로 인식될 것도 쉽게 이해될 것이다. 이처럼 범주화는 우리의 경험과 지각에 질서를 부여해 주고 처리의 효율성을 높여준다. 사회적 범주화의 한 사례가 바로 고정관념이라고 할 수 있다. 인간은 최소의 정보를 갖고 많은 판단을 하려는 인지적 절약자(cognitive miser)가 아니던가!

필자는 인간의 사회적 사고과정에서 중요한 역할을 하는 고정관념에 대해 오랫동안 흥미를 느껴왔다. 고정관념은 왜 쉽게 변하지 않는 것일까, 고정관념은 어떻게 작용하고, 고정관념이 활성화되었을 때 이후 정보처리에는 어떤 영향을 주는 것일까 하는 점에 흥미가 있었다. 특히 저자의 흥미를 끈 현상은 노여교수와 같이 노인이고 여자이면서 교수와 같이 복합적인 대상에 대한 판단은 어떻게 일어나는가 하는 점과 특정 고정관념이 활성화되었을 때 이 고정관념은 고정관념과 일치되지 않는 특성에는 어떤 영향을 줄 것인가 하는 점이었다. 이 문제와 관련된 논문과 책을 읽고 연구를 해가면서 고정관념은 촉진과 억제라는 두 가지 기제를 통해서 작용한다는 사실을 알게 되었다. 고정관념적 처리는 두 개의 날을 가진 칼처럼 촉진과 억제라는 기제를 통해서 정보처리의 효율성과 응집성을 추구한다. 고정관념의 활성화는 촉진적 처리를 통해서 관련된 정보의 인출과 기억, 해석을 보다 용이하게 하게하고 또한 억제적 처리를 통해서 간섭적 정보를 배제하여 정보처리 표상의 명료함과 응집성을 확보한다. 본 저서는 필자의 이러한 관심에 대한 연구의 소산이다.

이 책은 많은 사람들의 수고와 노고의 산물이다. 이 중에서도 특히 저자의 실험에 참여해서 까다로운 실험 절차에도 성실하게 실험에 임해 준 피험자 여러분에게 깊은 감사를 드린다. 그리고 실험 아이디어를 같이 논의하고 장시간 실험을 진행하면서

수고와 노고를 아끼지 않은 이제욱, 윤덕환 군에게
또한 감사를 드린다. 또한 연구에 지치고 힘들어 할
때 격려와 용기를 주신 한성열 교수님께 마음에서
우러나오는 감사를 드리고 싶다.

2006년 2월   저자

차 례

표 목차

그림 목차

제1부 고정관념과 사회적 정보처리

1. 고정관념적 처리(stereotyping)란 무엇인가

사회적 자극은 통상 매우 복합적이고 모호한 경우가 많다. 이에 비해 이런 사회적 자극을 처리하는 인간의 정보처리 체계는 가용한 처리자원이 상당히 제한적이다. 따라서 복잡하고 다양한 세계에서 자원이 제한된 처리자로서 지각자는 정보처리의 효율성을 위해 다양한 단순화 인지 책략을 사용하게 된다(Taylor, 1981). 이런 상황에서 사용하게 되는 대표적 책략이 바로 사회적 범주화(social categorization)이다. 사회적 범주화란 대상이나 사건을 그것이 갖고 있는 개별 특성을 중심으로 처리하는 것이 아니라, 그 대상이 속한 일반적 범주에 근거하여 처리하는 것이다. 범주화된 대상은 그 대상이 속한 일반적인 범주의 속성이 부여된다. 이러한 사회적 범주에는 역할, 직업, 집단, 사건 범주 등 다양하다(Cantor와 Mischel, 1979). 예를 들어 어떤 사람이 길거리에서 이상한 옷을 입고 기묘한 동작을 하고 있을 때, 우리가 이것을 전위적 공연(performance)이라고 범주화하면, 기괴한 사건으로 인식될 것도 쉽게 이해될 것이다. 이처럼 범주화는 우리의 경험과 지각에 질서를 부여해 주고 처리의 효율성을 높여준다(Allport, 1954; Brewer, 1988; Fiske Newberg, 1990; Tajfel, 1969).

집단 범주화 과정에 대한 연구는 사람들이 타인들을 어떻게 범주로 구분하느냐에 대한 연구들과 타인들을 집단 범주화시켰을 때 이 집단들과 그 구성원들에 대한 지각이 어떻게 달라지는가에 대한 연구들을 포함한다.

사람들이 여러 가능한 집단 범주 중에 어떠한 집단 범주로 다른 사람들을 구분하는가는 그 상황에서 현출해 지는 범주가 무엇인가에 의해 결정된다. 예를 들어, 사람들이 다수와 소수로 구분되어지는 범주 차원이 비슷한 수로 양분되는 범주 차원보다 더 현출한 것이 된다. 즉 한 무리의 사람 중 여자가

단 한사람 있을 때 남녀 범주가 다른 차원보다 더 현출한 범주로 인식된다. 따라서 그녀가 속한 다른 범주(예를 들어 대학생)보다 성 범주에 의거해 그녀의 특성이 지각될 것이다. 또한 일반적으로 지각적으로 현출한 범주(성, 인종, 나이 등)가 있어 이러한 범주들은 특정 사회에 상관없이 보편적으로 사용된다. 그러나 이러한 특정 상황 요인 외에 한 사회에서 그 특정 역사와 경험에 의해 그 구성원들에게 중요하게 간주되는 범주들이 있고 이러한 범주들이 타인을 지각하는 데 중요하게 사용된다. 예를 들어 우리 사회에서는 성, 나이, 출신지역 등이 중요한 범주로 작용한다(김혜숙, 1998).

고정관념적 처리(stereotyping)는 사회적 범주화에 의해서 시작된다. 이것은 사회적 범주화 과정을 통해서 어떤 대상이 특정 집단에 할당이 되면, 이 대상은 그 집단의 일반적 속성에 의해 판단되는 것을 말한다. 우리가 사회적 상황에서 하는 많은 판단은 고정관념적 처리에 의존한다. 예를 들어 요즈음 우리가 지하철역이나 기차역 구내에서 남루한 옷을 입고 하루 종일 의자에 앉아 있거나 노숙을 하는 사람을 보았을 때, 우리는 아마 그를 실직자로 범주화할 것이다. 이때 그 대상이 갖고 있는 개별적인 고유한 특징은 고려되지 않고, 그는 실직자가 갖고 있는 일반적 특징에 의해서 판단될 것이다. 즉 우리는 그를 궁핍하고, 좌절되어 있을 것이라고 판단할 것이다. 이처럼 고정관념적 처리는 우리의 정보처리를 빠르고 간편하게 해준다. 사람들이 사회적 자극을 고정관념적으로 처리하는 것은 제한된 자원으로 효율적으로 상황에 대처하기 위한 것이라고 할 수 있다(Macrae, Milne 및 Bodenhausen, 1994).

Ashmore와 DelBoca(1981)는 고정관념과 관련된 연구를 크게 3가지 접근으로 분류하였다. 첫째는 정신역동적(psychodynamic) 접근으로서 여기에서는 고정관념의 발생과 사용에 있어서 동기적 힘과 심리적 이익의 역할을 강조한다. 이 접근에서는 고정관념적 처리(stereotyping)를 투사, 전위, 희생양 삼기(scapegoating) 등 자신의 내적 긴장을 외부 대상에게 전가하는 일종의 방어기제로 본다. 이러한 가정에 따라 고정관념에 대한 정신역동적 관점에서는 어린 시절의 경험이 한 개인의 역동적인 심리적 욕구를 형성하고 이것이 지각에 영향을 주는 과정을 연구한다. 또한 이 접근에서는 고정관념적 처리에 있어서 개인치에 관심을 갖는나. 둘째는 사회문화적 접근이다. 여기서는 사회적 학습과 강화를 통해서 집단에 대한 신념, 태도가 형성되는 방식에 관심을 갖는다. 즉 고정관념과 편견이 부모나 중요한 타인의 영향 등과 같은 사회화 경험, 또래 집단의 영향, 미디어에서의 묘사 등에 의해서 형성되는 방식에 초점을 둔다. 세 번째 접근은 인지적 접근으로서 고정관념을 정보처리에 영향을 주는 신념체계나 인지구조로 가정하고, 정보의 부호화, 저장, 조직화, 인출 등의 인지적 기제가 어떻게 고정관념 형성에 작용하고 대인지각에 영향을 주는가를 탐색한다. 이러한 세 가지 접근은 경쟁적이라기보다는 상보적이라고 할 수 있다. 각 접근은 고정관념의 형성과 고정관념적 처리에 있어서 관심 영역이 다르고 각기 잘 설명하는 영역이 있다. 따라서 어떤 단일한 접근은 현상에 대한 부분적 설명만을 제공해 준다고 할 것이다(Hamilton과 Troilier, 1986; Stroebe과 Insko, 1989).

과거의 고정관념 연구에는 여러 접근이 존재하였지만 특히 사회 집단에 관한 고정관념의 내용을 파악하는 연구가 주류를 이루었다(Brigham, 1971; Gilbert, 1951; Karlins, Coffman, 및 Walters, 1969). 그러나 최근 들어 연구자들은 고정관념이 사회적 지각, 판단, 행동에 미치는 영향 등과 같은 고정관념의 인지과정에 관심을 갖기 시작하였다(Hamilton과 Sherman, 1994). 이러한 연구에서는 고정관념의 활성화가 사회적 정보처리의 모든 측면에 영향을 줄 수 있음을 보여 주었다. 예를 들어 주의 할당(Bodenhausen, 1988), 행동의 해석(Darley & Gross, 1983; Kunda, Sherman, & Williams, 1992; Sagor & Schofield, 1980), 추론 형성(Bodenhausen & Wyer, 1985; Krueger & Rothbart, 1988) 그리고 인출(Bodenhausen & Lichtenstein, 1987; Cohen, 1981; Hamilton & Rose, 1980) 등에 영향을 줌을 보여주었다. 이 중에서도 고정관념의 활성화가 이후의 정보처리를 고정관념과 일치하는 방향으로 촉진시킨다는 연구는 많은 연구자들의 집중적인 관심의 대상이 되었다(최일호와 한성열, 1997; Devine, 1989;

Dovidio, Evans, & Tyler, 1986; Gaertner & McLaughlin, 1983; Gilvert & Hixson, 1991; Lepore & Brown, 1994; Locke, MacLeod, & Walker, 1994; Macrae, Bodenhausen, & Milne, 1995; Macrae, Stangor, & Milne, 1994; Perdue, Dovidio, Gurtman, & Tyler, 1990; Perdue, & Gurtman, 1990).

최일호와 한성열의 연구(1997)에서는 피험자들에게 고대생의 고정관념을 점화시켰을 때, 이후의 자극대상을 고대생의 대표적 고정관념적 특성인 '집단적' 차원에서 더 집단적인 것으로 판단하는 동화효과(assimiliation effect)[1]가 나타남을 보여 주었다. 이 실험에서는 피험자들에게 의미분척(semantin differential) 절차를 이용하여 고대생의 고정관념을 점화하였다. 그 다음 피험자에게 무관한 과제로 민

---

1) 점화된 범주가 항상 동화효과를 일으키는 것은 아니다. 조건에 따라서 활성화된 범주는 동화효과와 반대되는 대비효과(contrast effect)를 일으킬 수 있다. 매우 잘 기억되는 단서를 점화자극으로 사용하거나, 대상을 평가 전 점화과제를 다시 상기 시킬 때와 같이, 점화자극이 의식 상태(awareness)에 있을 때는 활성화된 범주는 해당 범주 차원에서 대상이 그러한 속성을 '더 적게' 갖고 있을 것으로 판단하는 대비효과를 발생시킨다.(Herr, 1986; Lombardi 외, 1987; Stack 외, 1988).

게 한 인상판단 과제에서, '집단적' 차원에서 모호한 자극인물에 대한 기술문을 읽게 하고 자극대상의 성격을 판단하게 하였다. 실험 결과, 고정관념 점화 집단은 통제 집단에 비해 자극인물을 더 '집단적' 성향을 갖고 있는 것으로 판단하는 동화효과를 보였다.

또한 Macrae 등(1994)이 수행한 연구에서 피험자에게 특정 사회적 범주대상(예를 들면, 훌리건[2], 아동 학대자 등)의 행동, 라이프스타일, 외모 등을 약 5분간 생각하게 하였다. 이 단계에서 특정 사회 범주의 고정관념이 점화된다. 그리고 무관한 것으로 믿게 한 다음 과제에서 점 패턴(dot pattern)에 숨겨진 특성어 찾기나 단어 퍼즐(word puzzle)에서 특성어 찾기를 실시하였다. 여기서 특성어는 해당 사회적 범주와 일치, 무관, 불일치한 것으로 했을 때, 특정 고정관념이 점화된 피험자들은 해당 고정관념과 일치하는 특성을 무관한 특성이나 불일치한 특성어보다 더 빨리 찾아 낼 수 있었다. 이러한 현상을 고정관념 활성화에 따른 촉진효과라고 한다. 이

---

2) hooligan. 유럽의 축구장 난동 패거리.

것은 연합망 모형에 근거하여, 점화된 고정관념으로
부터 이것과 일치된 특성으로 활성화가 확산된 것
으로 설명된다(Loftus과 Collins, 1977).

그러나 최근 고정관념이 활성화되었을 때, 이것은 앞
에서 살펴 본 촉진효과뿐만 아니라 억제효과도 일으킨
다는 가설이 제시되었다(Dijksterhuis & Knippenberg,
1996; Macrae, Bodenhausen, & Milne, 1995).
Dijksterhuis & Knippenberg(1996)는 특정 고정관념
이 활성화되었을 때 이 고정관념과 일치하는 특성은
촉진효과를 보이지만, 반대되는 특성은 적극적으로
억제된다는 고정관념 활성화 후 반대특성 억제가설
을 제안하였다.

2. 고정관념의 표상구조

고정관념은 인지적 차원에서 인간 집단에 대한 지
각자의 지식, 신념, 기대를 포함하는 인지구조로 정
의될 수 있다(Hamilton & Trolier, 1986). 사회인지
영역에서 고정관념과 관련된 대표적 질문들은 이런

것들이다. 고정관념이 활성화된다는 것의 의미는 무엇인가? 고정관념은 어떻게 인출되고, 어떻게 지각에 영향을 주는가? 고정관념은 어떻게 형성되고, 시간의 경과에 따라 어떻게 변화하는가? 이러한 의문은 우리가 고정관념이 기억 속에서 어떻게 표상되는가를 이해할 때 부분적으로 대답이 가능해 진다(Smith, 1990, 1992).

고정관념에 대한 추상 모형(abstraction model): 전통적으로 사회심리학자들은 고정관념 표상에 대한 순수한 추상 모형(abstraction model)을 선호해 왔다(Sherman, 1996). 이 모형에서는 고정관념을 특정 사회 집단의 전형적 특징에 대한 추상화된 요약으로 개념화한다. 즉 고정관념은 사람들이 여러 개별 사례를 경험하면서 이러한 개별 사례에 공통적인 특징을 추상화함으로써 형성되는 것으로 보는 것이다. 이것은 흔히 원형(prototype)으로 지칭되기도 한다.

이러한 추상화는 지각자가 집단에 대한 직접 경험이나 부모, 또래 집단, 미디어 등으로부터의 사회적 학습을 통해 집단에 대한 정보를 획득함에 따라 발전하게 된다. 고정관념은 특정 집단 성원과의 직접적 혹은 간접적 경험으로부터 유래하지만, 일단 형성되면, 고정관념은 기억 속에서 구체적 개별 사례(examplars)와 구분되어 저장되는 것으로 본다. 어떤 대상이 특정 사회 집단의 성원으로 범주화되면, 그 집단의 고정관념은 활성화되고, 이것은 그 대상에 대한 지각에 영향을 준다.

고정관념에 대한 사례 모형(examplar model): 최근에 Smith(1990, 1992; Smith & Zarate, 1992)는 Hintzman(1988)의 사례 모형에 근거하여 고정관념에 대한 추상 모형에 의문을 제기하면서 집단의 구체적 사례(examplar)가 고정관념화(stereotyping)에 중요한 역할을 한다고 주장하였다. 그에 따르면 추상 모형은 집단 다양성(group variability), 광범위한 하위 고정관념화(subtyping), 그리고 고정관념에 미치는 맥락효과 등을 잘 설명하지 못한다는 것이다(Hamilton & Sherman, 1994; Smith, 1990).

사례 모형에서는 범주를 사람들이 일상생활에서

접한 실제 사례에 대한 기억을 통해 표상한다고 본다(Estes, 1986; Hintzman, 1986, 1988; Jacoby & Brooks, 1984). 즉 범주는 구체적 사례에 대한 기억의 성긴(loose) 집합이고, 각 사례들은 범주와 연합되어 있다고 가정한다. 예를 들어서 '수녀'의 범주는 사람들이 알고 있는 실제 개별 수녀에 대한 기억으로 표상되어 있다는 것이다. 이 모형에 따르면 사람들은 많은 사례들에서 공통성을 추출하여 추상적인 범주지식을 형성하지 않는다는 것이다. 또한 범주화 과정은 추상 모형에서는 중요한 역할을 하지만, (고정관념이 작용하기 위해선 우선 대상을 특정한 범주에 할당하는 과정이 선행되어야 한다) 사례 모형에서는 그럴 필요가 없다. 즉 대상은 이것과 유사한 특정 사례와 직접 비교된다.

이 모형에 따르면 사회적 지각은 대상에 의해 점화된 사례들의 집합에 의존한다. 따라서 어떤 대상에 대해 많은 수의 사례가 인상형성 과정에 작용하게 된다. 특정 사례가 일단 활성화되면 이러한 사례의 속성들은 요약되어 대상에 대한 기대, 추론판단을 형성한다. 그리고 고정관념적 처리는 활성화된 범주가 모두 특정 사회 범주에 속하는 정도만큼 일어나게 된다. 예를 들어 지각자가 여군에 대한 인상형성을 한다고 가정해 보자. 이 경우 여자 사례와 군인 사례가 모두 활성화된다. 활성화된 각 유형의 사례의 상대적 비율은 지각자가 어느 특성에 더 초점을 두는가에 달려 있다. 만일 지각자가 여자 속성에 더 많은 주의를 둔다면, 활성화된 사례의 대부분은 여자 사례가 될 것이다. 이 경우 지각자는 이 대상을 고정관념적으로 여자 속성을 중심으로 인상형성을 할 것이다.

고정관념에 대한 혼합 모형(mixed model): 순수 추상화 모형과 사례 모형 모두에 있어 이론적, 경험적 제한점으로 인해 많은 연구자들은 추상적, 사례적 정보를 모두 포함하는 고정관념 표상에 대한 혼합 모형을 제안하였다(Busemeyer등, 1984; Carlston, 1980; Carlston & Skowronski, 1986; Elio & Anderson, 1981; Sherman & Klein, 1994; Smith & Zarate, 1990). 이 모형에 따르면 지각자의 대상에 대한 경험의 많고 적음에 따라 추상적, 사례적 정보표상 모두

가 고정관념 형성에 토대를 형성할 수 있다고 가정한다. 대상에 대한 학습 초기 단계에서의 판단은 특정한 사례 활성화에 의존한다. 즉 사례와의 경험이 적기 때문에 아직 추상화된 지식을 형성하지 못하기 때문이다. 그러나 사례와의 경험이 축적됨에 따라 대상에 대한 추상적 지식이 형성되면 이것이 이후의 판단의 토대로 작용하게 된다는 것이다. 그리고 경험 증가에 따라 사례적 표상에 대한 의존은 줄어든다 (Sherman, 1996).

고정관념이 어떻게 표상되어 있는가는 고정관념의 형성과 고정관념적 처리에 중요한 함의를 갖는다. 즉 고정관념이 개별 사례와는 독립된 추상적 지식으로 표상되어 있다면, 고정관념과 불일치하는 사례를 경험한다고 해서 쉽게 변하지 않을 것이다. 그러나 고정관념이 사례로 표상되어 있다면, 사례의 축적에 따라 고정관념은 변할 수 있다. 그리고 혼합 모형에서는 고정관념은 대상과의 경험의 정도에 따라 사례적 표상에서 추상적 표상으로 변하는 것으로 가정함으로써 쉽게 변하는 고정관념과 잘 변하지 않는 고정관념을 표상의 형태로 구분한다.

3. 범주 접근성(accessibility)과 적용성(applicability)

본 절에서는 오늘날 사회인지 영역에서 활성화된 정보가 이후의 정보처리에 주는 영향을 설명하는 강력한 설명 개념인 범주 접근성과 적용성의 개념을 살펴보기로 하겠다. 우리들이 일상생활에서 접하게 되는 사회적 정보는 통상 다양한 해석이 가능하다. 예를 들어 어떤 사람이 자신의 여자 친구가 새로 한 머리 모양을 보고 "멋이 없는데"라고 말한다면, 그의 이러한 행동은 '솔직한' 것으로 해석될 수도 있고 혹은 '무뚝뚝한' 것으로도 해석될 수 있다. 이처럼 우리에게 제공된 사회적 정보는 그 정보 자체가 직접적으로 우리의 판단을 결정하는 경우는 드물다. 대부분의 경우 주어진 정보는 우리의 지식, 기대, 욕구 등의 영향을 받아 해석된다. 따라서 사람들은 동일한 사람을 만났을 때나, 동일한 정보에 접했을 때도 서로 다른 기대나, 동기 등에 의해 각기 다른 인상을 형성하는 것이다. 만일 사람늘이 주어진 자극이나 정보에만 근거해서 처리를 한다면,

즉 상향식(bottom-up) 처리에만 의존한다면 이러한 개인차는 발생하지 않을 것이다. 이처럼 사람들의 정보해석에는 지각자의 기대, 동기 등이 중요한 영향을 미친다(Bruner, 1957b).

사람들이 다양한 해석과 판단의 가능성이 있는 사회적 정보에 근거해서 어떻게 나름대로의 판단에 이르는가는 흥미 있는 주제가 아닐 수 없다. 이러한 소위 주어진 정보를 넘어서는(beyond the information given) 하향식(top-down) 정보처리 과정에 대한 연구는 사회인지 분야의 중요한 연구 영역이 되어 왔다(Bargh, Bond, Lombardi, & Tota, 1986; Erdley & D'Agostino, 1988; Herr, 1986; Higgins, Rholes, & Jones, 1977; Higgins, Bargh, & Lombardi, 1985; Martin, 1986; Srull & Wyer, 1979, 1980).

이 문제 영역에 중요한 공헌을 한 Bruner(1957)는 지각에 미치는 기대와 동기 상태의 영향을 설명하기 위하여 접근성(accessibility)이라는 개념을 도입하였다. 그가 사용한 접근성 개념은 주어진 자극이 특정 범주 차원에서 부호화되는 속도나 용이함을 의미하는 것이었다. 그는 기대나 동기 상태는 일시적으로 관련 범주의 접근성 수준을 높이고, 입력된 자극을 접근성 수준이 높아진 범주 차원에서 지각하거나 해석하게 만든다고 하였다. Bruner의 이러한 생각은 이후 사회인지 분야에서 인상형성, 고정관념적 처리 등 광범위한 영역에 적용되었다(Bargh, Bond, Lombardi, & Tota, 1986; Bargh, Lombardi, & Higgins, 1988; Bargh & Thein, 1985; Higgins, King, & Marvin, 1982; King & Sorrentino, 1988).

오늘날 범주 접근성은 특정 범주가 얼마나 쉽게 활성화되는가 하는 정도, 즉 범주의 활성화 잠재력(activation potential)이라고 정의되는데(Higgins, 1989), 범주 접근성 효과란 접근적인 범주(accessible consructs)가 이것이 적용 가능할 때 지각, 해석, 판단 등에 사용될 가능성이 증대되는 것을 말한다. 만일 어떤 판단에 있어서 두 가지 적용 가능한 범주가 있다고 했을 때 어느 범주가 선택되는가는 지각자가 정보에 접했을 때 어느 범주가 더 접근 가능한(accessible)에 있는가에 의해서 결정될 수 있다고 보는 것이다.

이 접근성은 일시적 접근성(temporary accessi-bility)과, 지속적 접근성(chronical accessibility)으로 나뉘어 진다. 일시적 접근성은 최근의 사용이나 점화를 통해서 해당 범주의 접근성 수준이 일시적으로 높아진 것을 말한다. 그리고 지속적 접근성은 접근성에 있어서의 개인차로서 빈번한 사용이나 노출을 통해 평상시 특정 범주의 접근성 수준이 안정적으로 높아져 있는 것을 말한다. 다음에서는 각 접근성 효과와 관련된 주요 연구들을 살펴보기로 하자.

일시적 접근성(temporal accessibility): Higgins 등(1977)은 범주 접근성이 모호한 자극인물에 대한 인상형성을 결정한다는 생각을 피험자의 특정 특성의 접근성 수준을 일시적으로 조작함으로써 실험적으로 입증해 보였다. 이 실험에서 피험자는 어떤 행동에 대해 적용 가능한 두 가지 특성, 예를 들면 '모험심 강한', '무모한' 등과 같은 성격특성어를 색깔명명 과제(stroop task)를 통해서 학습케 하였다. 피험자의 과제는 각기 다른 색깔로 쓰여진 '모험심 강한' 혹은 '무모한' 등과 같은 성격특성어를 보고, 그

단어의 색깔을 말하는 것이다. 이 절차를 통해서 피험자는 특정 성격 형용사가 점화된다. 그리고 이러한 점회 절차 후 전혀 별개의 무관한 과제인 것처럼 꾸민 인상형성 과제에서 '조그만 배로 대서양을 횡단할 계획을 세우기'와 같은 행동을 하는 자극인물을 판단케 하였다.

실험 결과, 피험자들은 자신들이 점화된 특성과 일치하는 방향으로 대상에 대한 인상을 형성하였다. 즉 앞의 점화과제에서 '모험심 강한' 특성이 점화된 사람은 상기의 자극인물을 모험심이 강한 사람으로 판단하고 또한 전반적으로 긍정적으로 판단한 반면, '무모한' 특성이 점화된 사람은 동일한 자극인물을 '무모한' 사람으로 보고, 전반적 평가도 부정적이었다. 이 실험의 의미는 상이한 의미의 특성이 적용될 수 있는 모호한 자극의 판단에서 어떤 특성이 적용되는가는, 판단 시 지각자의 보다 더 접근적인 특성에 의해 결정된다는 것을 보여 준 것이다.

한편 Srull과 Wyer(1979)는 Higgins 등(1977)의 실험에서처럼 특성 범주를 직접 점화하지 않고 특정 범주의 의미에 해당하는 문장을 제시하여 범주의 접근성을 높인 다음, 이것이 인상판단에 미치는 영향을 알아보았다. 이들의 실험에서는 예를 들어 '공격적' 특성을 함의하는 "leg break arm his"과 같은 비문법적인 문장을 피험자에게 제시하였다. 피험자는 이것을 문장 이해력 검사로 알고 주어진 문장을 문법적으로 맞게 고치는 과제를 수행하였다. 이 과정에서 피험자들은 문장이 함의하고 있는 성격특성어가 점화된다. 연구자들은 이처럼 문장을 점화자극으로 사용하였고, 점화시행의 횟수를 통한 점화강도 효과와 점화시행과 인상평가 시행 간 지연을 '즉시', '1시간', '24시간'으로 하여 지연효과를 또한 살펴보았다. 실험 결과는 점화가 강하게 될수록, 유의미하게 동화효과가 크게 나타났다. 또한 지연 변인에서 '즉시', '1시간 후', '24시간 후' 순으로 동화효과가 크게 나타났고, 특기할 점은 24시간 후에도 점화효과가 유의미하게 나타났다는 점이다.

그리고 Bargh와 Pietromonaco(1982)는 특성어를 역치하 수준으로 제시하여 범주 접근성 효과가 나타나는가를 알아보았다. 이들의 실험에서는 '적대적(hostile)'과 관련된 특성어, 예를 들면 '불친절한',

'비우호적인' 등과 같은 단어를 목표탐색 과제로 하여 CTR상에 80ms으로 제시하였다. 피험자의 과제는 빠르게 제시되는 단어의 위치를 파악하여 그에 해당하는 '왼쪽' 혹은 '오른쪽' 버튼을 누르는 것이다. 피험자는 제시되는 자극이 매우 순간적이기 때문에 그것이 특성어인지를 모르고 반응을 하게 된다. 이 과정에서 역치하 수준에서 특정 특성어들이 점화된다. 피험자들은 이 점화과제를 마치고 인상형성 실험에 참여를 하였다. 이 이차 실험에서 피험자들은 '적대적'의 차원에서 모호한 자극인물의 일화가 쓰여진 기술문을 읽고, 이 인물의 성격을 판단하였다.

실험 결과, 점화조건의 피험자들은 비점화조건(물, 집 등과 같은 중립적인 단어로 점화됨)에 비해 자극인물을 더 '적대적'인 것으로 판단을 하였다. 이러한 결과는 사람들이 의식적으로 자극을 인식할 수 없는 역치하 수준에서도 특성어에 대한 학습이 가능하고, 해당 범주가 활성화 상태에 들어간다는 것을 시사한다. 그리고 활성화 상태에 들어간 범주는 활성화된 범주와 일치되는 방향으로 대상에 대한 판단을 유도하는 동화적(assimilation) 영향을 미침을 의미하는 것이다.

그리고 Devine(1989)는 미국 흑인에 대한 고정관념을 점화하여 고정관념의 접근성 효과를 알아보았다. 그녀는 흑인에 대한 고정관념의 내용을 조사하여 가장 대표적인 특성으로서 '적대적'(hostile, aggressive) 특성을 추출하였다. 그리고 인종 간 편견을 측정하는 척도인 Modern Racism Scale을 사용하여 피험자를 흑인에 대해 편견이 강한 사람과 약한 사람으로 이분하였다. 그 다음 흑인 연상어(associates) 중 비교적 중립적이나 긍정적인 것(예를 들면, musical, jazz, Africa 등)을 점화자극으로 하여, 이것을 지각적 경계과제를 통해서 순간 노출기(tachistoscope)상에 역치하 수준(80ms)으로 매우 빠르게 제시하였다. 그 다음 무관한 과제로 믿게 한 다음 과제에서 어떤 대상에 대한 인상을 판단케 하였다.

실험 결과는 인종 편견의 개인적 수준과 관계없이, 흑인 연상어에 의해 점화가 된 실험 집단은 '적대적'(hostile) 특성 차원에서 애매한 자극인물을 더 적대적인 것으로 판단하였다. 이러한 연구 결과는 고정관념의 자동적 활성화의 효과를 보여 주는 것이라 할 수 있다. 즉 태도 검사(MRS)에서 타 인종에 대한 편견이 높은 사람뿐 아니라, 편견이 낮은 사람도 흑인의 고정관념이 활성화되면 이것과 전혀 무관한 자극인물을 더 적대적인 것으로 판단한다는 것을 의미하는 것이다.

사실 이러한 연구 결과는 매우 흥미로운 것이다. 우리는 상식적으로 편견을 갖고 있는 사람들만 해당 자극에 노출되었을 때 대상에 대한 부정적 고정관념이 활성화되고, 편견이 없는 사람은 이러한 부정적 고정관념이 없을 것으로 예상하기 때문이다. 그러나 이 실험에서는 편견이 없는 사람도 해당 자극에 노출되었을 때는 자동적으로 부정적 고정관념이 활성화되고(이 상태는 비의식적(unaware)이다), 모호한 자극인물을 더 적대적인 것으로 판단하는 결과를 보여준 것이다. 이 경우 편견이 낮은 사람은 고정관념이 점화되었을 때 자신의 편견적 판단이 적용되고 있다는 것을 알지 못하기 때문에 편견적 판단을 통제할 수가 없다. 이것은 편견이 많거나 적은 사람 모두 고정관념 자체는 자동적으로 활성화되지만, 이 고정관념의 사용에 대한 의식적 통제에 있어서 이들 간에 차이가 있다는 것을 시사한다.

지속적 접근성(chronical accessibility)： 지속적 범주 접근성은 특정 범주에 있어서 과거에 많은 활성화를 경험함으로써 비교적 항상적으로 활성화 수준이 높아진 경우에 발생한다.(Bargh, Bond, Lombardi, & Tota, 1986; Bargh, Lombardi, & Higgins, 1988; Bargh & Thein, 1985; Higgins, King, & Marvin, 1982; King & Sorrentino, 1988). 개인은 각자 고유한 개인사를 경험함으로써 상이한 범주 활성화 수준을 갖는 인지체계를 발달시키게 되고, 이것은 동일한 대상에 접해도 상이한 판단이나 인상형성을 하게 하는 개인차의 중요 원천이 된다. 예를 들어, 어떤 사람은 대인 평가에 있어서 '정직한' 특성을 중요하게 볼 수도 있고, 또 다른 사람은 '지적인' 특성을 더 중요하게 여김으로써 동일한 사람을 만나서 인상을 형성하더라도 어떤 특성은 개인에 따라 더 중요하게 부각되고, 어떤 특성은 아예 무시되기도 한다. 안정적인 개인의 목적, 동기 등은 지속적 접근성을 발생시키는 중요한 한 원천이다.

특정 범주에 있어서 지속적 접근성의 개인차를 측정하기 위한 방법(Higgins 등, 1982)은 그들이 좋아하는, 싫어하는, 사귀고 싶은, 회피하고 싶은, 자주 만나는 사람들의 특성의 리스트를 기술하게 하여 각 개인의 기술 리스트에서 제일 처음 나타나거나, 자주 나타나는 특성으로 결정한다. 이러한 특성은 그 개인에 있어서 **지속적으로 접근 가능한**(chronically accessible) 특성이 되고 반면에 어떤 리스트에서도 언급되지 않은 특성은 그 개인에 있어서 **지속적으로 접근 가능하지 않은**(chronically inaccessible) 특성이 된다.

Bargh와 Pratto(1985)의 연구에서는 지속적 접근성을 갖는 특성은 더 쉽게 활성화된다는 가설을 실험을 통하여 입증하였다. 앞에서 언급된 방법을 통해서 피험자들의 지속적으로 접근 가능한 특성 범주를 알아내어 피험자를 특정 특성 차원에서 접근 가능한 사람(chronics)과 접근 가능하지 않은 사람(non-chronics)으로 구분하였다. 그 다음 피험자들은 스트룹 절차(stroop task)에서 특성어 색깔을 명명하는 과제를 하였다. 피험자들은 자극단어가 각 개인에 있어 지속적으로 접근 가능한 특성일 때, 그렇지 않은 단어에 비해 색 명명에 더 많은 시간이 걸렸다. 이것은 자극단어가 지속적으로 접근 가능한 특성일 때 더 쉽게 의미의 활성화가 일어남으로써 과제에서 요구되는 반응인 색깔 명명의 반응에 더 큰 간섭을 야기하기 때문으로 설명될 수 있다.

그리고 Higgins, King, 및 Martin(1982)의 연구에서는 피험자에게 어떤 대상에 대한 기술문을 읽게 한 다음 일정 시간 경과 후 읽은 기술문을 생각나는 대로 다시 기술하게 하였을 때, 피험자들은 자신의 비접근적 특성과 관련된 정보는 회상을 잘하지 못하는 경향을 보였다. 또한 Bargh와 Thein(1985)는 지속적으로 접근 가능한 범주는 처리의 효율성을 갖는다는 것을 보여주었다. 즉 특정 특성 차원(예: kind, honest)에서 지속적으로 접근 가능한 사람(chronic)은 이러한 특성이 함의하는 행동을 더 빨리 파악하고, 또한 더 쉽게 기억하였다. 이 실험에서 피험자들은 어떤 자극인물에 대한 두 가지 정보를 동시에 처리해야 하는 이분 청취과제를 통해서 처리에 부담을 갖은 상태에서 제시받았다. 이런 조건 속에서도 제시되는 정보에 대해 지속적 접근성을 갖는 피험자들은 그렇지 않은 피험자에 비해 회상을 더 잘 하였다.

적용성(applicability): 접근성 효과는 앞에서 살펴본 것처럼 어떤 범주가 일시적으로 점화(맥락 점화)되거나, 지속적으로 활성화 수준이 높을 때 이 범주의 사용 가능성이 높아지는 것을 말한다. 그런데 어떤 범주가 접근성이 높아졌다고 해서 대상과 무관하게 적용되는 것은 아니다. 예를 들어 '용감한'이라는 특성 범주가 활성화되었다고 하더라도, 대상이 보이는 행동이 '지적인' 차원과 관련된 행동이라면 적용되지 않을 것이다. 활성화된 범주가 적용되기 위해서는 범주와 판단 대상 간 속성의 중복(mapping)이 있어야 한다(Hinggins 등, 1995). 적용성이란 바로 범주와 대상 간 속성에 있어서의 중복의 정도를 말하는 것이다. 중복의 정도가 클수록 적용성은 높아진다.

Higgins 등(1995)은 적용성과 관련하여 자극을 모

호한(ambiguous) 자극과 막연한(vague) 자극으로
구분하였다. 모호한 자극이란 앞의 예인 "조그만 보
트로 대서양을 횡단하는 계획을 세운다"에서처럼
이것은 '무모한'이라는 판단도 가능하고 또한 '모험
심 강한'이란 판단도 가능한 자극을 말한다. 이처럼
모호한 자극이란 어떤 자극이 적어도 두 가지 판단
이 가능한 자극을 의미한다. 그리고 막연한 자극이
란 예를 들어, "다방에 앉아서 친구와 대화하기"와
같은 행동으로서 대상의 특성에 대한 정보를 내포
하고 있지 않기 때문에 어떤 특성적 판단도 하기
어려운 자극을 말한다. 즉 이런 자극은 어떤 특성어
의 적용도 쉽지 않은 자극을 의미한다.

그런데 Higgins 등(1995)은 '적용성 규칙'(application rule)이라는 가설을 제안하면서 어떤 대상이
막연하더라도 지각자의 어떤 범주가 강하게 접근적
이 될 때는 이러한 특성이 대상판단에 영향을 줌을
보여 주었다. 이들은 특정 범주를 보다 더 접근적이
되게 만들기 위해 피험자들의 지속적으로 접근적인
범주를 일시적으로 점화하였다. 즉 이 범주는 일시
적 접근성과 지속적 접근성이라는 두 효과가 합산

된 것이다. 이 경우 피험자는 막연한 대상에 대해서도 활성화된 범주 차원과 일치되게 판단하는 동화 효과를 보였다.

한편 Banaji 등(1993)은 '사회 범주 적용성(social category application)' 가설을 제안하면서 특정 고정관념이 점화되었다고 하더라도 이것이 대상의 범주와 관계없이 적용되는 것은 아니라고 하였다. 이들은 남자의 고정관념(대표적 속성: aggressive)이 점화되었을 때는 대상이 남자일 때만 '적극적'(aggressive) 차원에서 동화효과가 나타나고, 대상이 여자일 경우에는 동화효과가 나타나지 않음을 보여 주었다. 마찬가지로 여자 고정관념이 점화되었을 때는 대상이 여자일 때만 여자의 고정관념적 특성인 '의존적' (dependent) 차원에서 동화효과가 나타났다.

이러한 결과는 고정관념이 접근성이 높아졌다고 하더라도 만일 이것이 특정 사회적 범주의 속성일 때, 이것과 대립되는 다른 범주의 대상에는 영향을 주지 못한다는 것을 의미한다. 이것은 고정관념의 자동적 적용에도 범주의 고려라는 암묵적(implicit) 계산이 포함된다는 것을 시사하는 것이라 하겠다.

4. 일반적 인지처리에 작용하는 억제효과

최근 다양한 인지기능에 있어서 억제기제(inhi-bition mechanism)를 가정하는 이론이 많이 제시되고 있다. 언어이해와 산출에서(Gernsbacher, 1990; Gernsbacher & Faust, 1991; Simpson & Kang, 1994), 일화적, 의미적 기억의 인출에서(Anderson, Bjork & Bjork, 1994; Bjork, 1989; Blaxton & Neely, 1983; Carr & Dagenbach, 1990), 유추적 추론에서(Holyoak & Thagard, 1989; Spellman & Holyoak, 1993), 그리고 노년화에 따른 인지기능의 저하를 설명하기 위해(Hasher & Zacks, 1988; McDowd, Oseas-Kreger, & Filion, 1994) 억제기제를 가정하는 가설이나 이론이 제안되었다. 심리학에서 사용되는 억제 개념은 원래 신경생리 분야의 현상이자 개념이었다. 뉴런이 다른 세포에 영향을 주는 신경생리학적 방식은 기본적으로 두 가지뿐이다(Thomson, 1986). 즉 다른 신경세포의 활동을 증가(촉진)시키거나 감소(억제)시키는 것이다.

인지 심리학에서는 인간의 정보처리의 토대가 되

는 뉴런의 정보전달 방식이 촉진이나 억제방식으로 이루어지는 것에서 유추하여, 행동 반응 등에서 추론되는 가설적 구성체로서 억제 개념을 사용한다(Klein과 Taylor, 1994). 이들 분야에서는 직접적으로 억제현상을 관찰할 수는 없고, 여러 실험 조작과 결과를 통해 억제의 작용을 추론해 볼 수 있을 뿐이다. 따라서 실험 절차에 따라서는 억제를 가정하지 않는 활성화 확산 모형[3](activation spreading model)으로도 동일한 현상을 설명할 수 있기 때문에 억제를 가정하는 연구자들은 활성화만으로는 설명할 수 없는 실험 절차를 고안하여 억제기제의 존재를 입증하려고 노력해 왔다(Anderson과 Spellman, 1995). 다음에서는 사회인지 연구와 관련이 큰 인지심리학에서 다루는 몇 가지 억제기제를 살펴보기로 하겠다.

주의(attention)에 있어서 억제: 인간을 둘러싼

---

3) 활성화 확산 모형(Collins & Loftus, 1975)에서는 개념들은 다른 관련된 개념들과 그물망(network)을 이루고 있고, 어떤 개념의 입력이나 사용은 그물의 통로를 따라 관련된 개념들로 활성화를 전파한다고 가정한다. 점화된 개념은 이러한 활성화 전파를 통해 다른 개념들을 처리할 때, 더 빠른 반응과 같은 처리의 이익을 발생시킨다.

환경은 매우 복잡하다. 이런 상황에서 중요한 것과 중요하지 않은 것, 목표자극과 간섭자극, 관심이 있는 것과 관심이 없는 것 간의 명확한 구분은 제한된 처리자원을 보존하는 데 유용할 것이다. 즉 우리의 처리자원은 제한되어 있는데 우리가 처리해야 될 내적, 외적인 자극들은 복잡하기 때문에 억제를 통해 불필요하거나 가외적인 자극은 처리 초기 단계인 주의(attention) 단계에서부터 선택적으로 배제될 필요가 있는 것이다. 억제의 기본적 기능 중 하나가 바로 이런 내적, 외적인 간섭적 가외자극의 잠재적, 현실적 간섭이나 방해를 약화시키는 것이라 할 수 있다. 선택적 주의에 대한 모형들은 억제과정을 강조하는 이중 과정 모형(dual-process models)을 제안하였다(Kahneman & Triesman, 1984; Norman & Shallice, 1986; Posner & Peterson, 1990; Shallice, 1972). 이 이중 과정 모형은 목표자극과 분산자극(distractors) 간의 선명한 대비, 혹은 차별화를 위해 분산자극의 적극적 억제를 가정한다(Tipper & Driver, 1988). 즉 지각자는 주의를 분산시키는 정신적 표상의 능동적 억제를 통해서, 응집성 있는

(coherent) 표상을 형성할 수 있고, 처리해야 할 목
표자극에 자원을 집중할 수 있게 된다.

Walley와 Weiden(1973)은 주의집중은 외측 억제
(lateral inhibition)를 통하여 이웃하는 마디(nodes)
들을 차례대로 억제하는, 특정한 마디의 활성화에
의해 이루어진다고 보았다. 즉 어떤 마디가 보다 활
성화될수록 주변의 마디들을 보다 많이 억제한다고
보는 것이다. 예를 들어서 검영(shadowing)과제에
서처럼 왼쪽 귀의 메시지를 따라 말하고 오른쪽 귀
의 메시지는 무시하라는 지시는, 왼쪽 귀의 입력을
처리하는 감각 분석기의 단위들을 점화하여 부분적
으로 활성화시킨다. 이 상태에서 양쪽 귀로부터 입
력이 들어오면, 왼쪽 귀의 입력을 부호화하는 단위
가 오른쪽 귀의 입력을 부호화하는 단위보다 더 활
성화되어있기 때문에 자동적으로 왼쪽 귀 단위가
오른쪽 귀 단위를 외측으로(laterally) 억제할 수 있
다. 이러한 방식에 의해 우리는 간섭자극의 존재에
도 불구하고 효과적으로 목표자극에 주의를 집중할
수 있게 된다.

이처럼 무관하거나 간섭을 야기할 수 있는 외부의

정보를 억제할 수 있는 능력은 일반적 지적 활동에 중요한 한 차원으로 제안되어 왔다(Dempster, 1991; Dagenbach & Carr, 1994a; Dempster & Branerd, 1994). 또한 Houghton과 Tipper(1994)는 흥분과 억제의 동시적 작용을 통해서 지각자는 목표신호는 증폭시키고, 분산자극(distractors)은 억제함으로써 경쟁적 표상을 분리시킬 수 있음을 지적하였다. 이처럼 억제기제의 기능은 복잡한 현실에 대해 응집성 있는(coherent) 표상을 형성하고 처리자원을 보존함으로써 보다 효과적으로 대응하기 위한 것으로 볼 수 있다.

언어이해에 있어서 억제: Gernsbacher(1990)는 언어이해에 있어서 개인차를 설명하기 위해 억제기제를 가정하였다. 그녀는 구조형성 모형(structure building model)을 제안하면서 언어이해에 있어서 억제기제의 중요성을 강조하였다. 이 개관에서는 그녀의 연구 중에서 본 연구와 관련이 있는 언어처리의 초기 단계인 단어처리에 작용하는 억제기제만을 살펴보기로 하겠다. 그녀에 따르면 언어이해에 있어서 개인차는 관련된 정보를 얼마나 잘 활성화시키는가에 달려있는 것이 아니라, 무관한 정보를 얼마나 잘 억제하는가에 달려 있다는 것이다.

그렇다면 왜 억제를 잘 하지 못하는 것이 이해를 저해하는가? 언어를 이해한다는 것은 이해자가 자신의 지식, 추론 등을 이용하여 글에 대한 응집성 있는 표상을 형성하는 것이라고 했을 때, 억제는 첫째 단어 입력에 의한 불필요한 정보의 활성화를 막아 준다. 불필요한 정보가 억제되지 않을 경우 이것은 별도의 많은 하위 구조를 형성하여 응집성 있는 표상 형성을 방해하게 된다. 둘째, 억제는 불필요한 정보의 활성화로 인한 작업기억의 용량이 과부화되는 것을 막아 준다. 따라서 비효율적 억제는 제한된 작업기억 용량을 소진시켜 필요한 처리에 쓰일 용량을 제한하는 결과를 초래한다(김선주, 1994; Gernsbacher, 1990, 1991). 이러한 이유 등으로 해서 언어이해에 억제기제의 작용은 중요한 역할을 한다고 하겠다.

그럼 이제 구체적으로 글이해 초기 단계에서 작용하는 억제기제를 간단히 살펴보기로 하자. 글을 이해하기 위한 초기 단계는 단어를 이해하는 것인데 단어는 통상 의미적, 연상적으로[4] 중다적(multiple)이다. Gernsbacher(1990)에 따르면 예를 들어, bug는 벌레와 도청 장치라는 중의적 의미를 갖고 있는데, 우리는 이 단어를 보는 순간 맥락에 관계없이 즉시적으로 두 가지 의미가 모두 활성화되고, 200ms 이후에는 맥락에 맞는 의미만이 남고 맥락과 무관한 의미는 적극적으로 억제된다는 것이다. 그럼으로써 보다 명료한 표상구조를 형성할 수 있다. 이것은 시간의 경과에 따라서 서서히 약화되는 쇠퇴(decay)와는 구분되어야 한다. 이처럼 Gernsbacher는 우리가 적절히 글을 이해하는 과정에서 단어 입력이 야기하는 중다적 의미 활성화에서 맥락과 무관한 가외적 의미는 적극적으로 억제될 것이라는 가정을 하였다.

한편, Hasher와 Zacks(1988)는 억제기제를 통해 노인들의 인지능력 저하를 설명한다. 그들은 나이든

---

4) 연상적으로 중다적이라는 것은 예를 들어 사과라는 단어는 의미적으로는 단일하지만, 이것은 연상적으로 나무(사과), 주스(사과), 파이(사과) 등 많은 요소들과 연결되어 있는 것을 말한다. 따라서 사과단어의 입력은 이러한 요소들을 모두 활성화 시키게 되고, 잠재적으로 맥락과는 무관한 간섭적 개념의 활성화를 결과한다.

성인의 경우 억제기제의 약화로 인해 불필요한 정보가 작업기억으로 들어오는 것을 막는 데 어려움이 있으며, 일단 들어온 정보가 더 이상 필요하지 않아도 작업기억으로부터 그 정보를 제거할 수가 없다고 주장하였다. 그 결과 노인들은 너무 많은 개념들이 활성화 상태에 있게 되고, 결국 작업기억 용량이 과부하되는 결과를 초래하게 된다. 아울러 이러한 결과는 작업기억에 있는 개념표상들이 오래 유지되면서 항목들 간에 불필요한 연결이 형성되고 이것은 항목 인출 시 간섭을 초래하게 된다는 것이다. 이러한 설명은 노인들이 보이는 산만성과 낮은 회상능력을 설명해 준다.

기대에 의한 억제: 기대에 의한 억제는 Neely(1977)의 연구를 통해서 잘 알려져 있다. Neely의 실험에서 점화과제(priming task)를 통해서 피험자에게 점화단어(primes)가 신체(body)일 때 목표단어는 건물의 일부분에 해당하는 단어가 나올 것이라는 기대를 갖게 하였다. 즉 점화단어가 'body'일 때마다, 건물의 일부에 해당하는 단어(예: 창문)가 뒤이어 반복해서

제시되었다. 이 결과 점화단어인 'body'는 원래 의미적으로 관련된 신체의 하위 범주(예: 손, 발)와 이 신체 범주와 새롭게 학습을 통해 연결이 형성된 건물 범주(예: 창문, 기둥) 모두를 활성화시키게 된다. 따라서 서로 이질적인 두 가지 범주는 경쟁, 간섭 상태에 들어간다. 'body' 점화단어가 제시되고 목표단어 간의 시간 간격(SOA)이 매우 짧을 때(250ms), 건물 범주는 활성화 상태에 있지 못하고 따라서 간섭을 야기하지 못하여, 신체 범주에 대한 점화 촉진효과만을 보인다. 그리나 이 시간 간격을 길게 했을 때는(2000ms), 건물 범주도 활성화 상태에 들어가고 신체단어에 대한 억제효과가 나타났다.

이 실험의 의미는 응집성 있는 표상형성에 방해가 되는 경쟁적 관계에 있는 범주들은 맥락에 따라 상호 억제하는 효과를 갖는다는 것이다.

의미기억 인출에서의 억제: 많은 연구자들은 주의나 언어처리에 있어서와 마찬가지로 의미기억의 인출에서도 억제가 작용할 것이라고 제안해 왔다 (Anderson & Bjork, 1994; Neill & Westberry,

1987; Neuman & DeScheper, 1992; Posner, 1980, 1987; Rosch, 1975). 장기기억에서 어떤 목표항목을 인출하는 것은 생각보다 상당히 복잡한 과정이 개입된다. 예를 들어 과일 범주가 제시됐을 때 오렌지를 인출하는 과정을 생각해 보자. 과일 범주는 오렌지와 같은 목표항목뿐 아니라 그 외의 사과, 배 등 범주의 다른 하위 사례에 해당하는 많은 가외적인 항목도 활성화시킨다. 이러한 높게 활성화된 가외적 항목들은 오렌지를 인출하는 데 간섭적 영향을 미치고, 결국 오렌지 항목을 인출해 내지 못하게 할 수도 있게 한다. 실례로 우리는 과거에 알고 있던 누군가의 이름을 떠올리려고 할 때, 이 대상과 관련된 다른 것들은 떠오르면서 정작 목표항목인 이름은 생각나지 않는 경험을 한 적이 있을 것이다.

　이처럼 기억 인출은 목표항목과 다른 가외항목 간 경쟁을 통해서 이루어지기 때문에, 억제기제는 목표자극이 인출되기 위해 필요한 활성화의 초점을 제한하는 기능을 수행함으로써 복잡한 기억 표상 속에서 효율적인 인출이 일어날 수 있게 해준다(Blaxton & Neely, 1983; Neill & Westberry, 1987).

이제 범주항목 인출에서 작용하는 억제기제에 관한 연구사례를 살펴보기로 하자. Rosch(1975)는 특정한 항목 인출의 목적이 없이 단순히 범주가 점화되었을 때 해당 범주의 전형적 사례와 비전형적 사례 간 상호 억제가 일어나는 효과를 보여주었다. 이 실험에서 피험자는 점화과제를 수행하면서 범주명(예를 들면, 가구)을 점화어로 제시받았다. 그런 다음에 목표단어로 제시되는 두 단어가 모양이 같은가를 판단케 하였다. 목표자극으로서 제시된 두 단어가 점화자극 범주의 전형적인 사례(예를 들면 책상－책상)일 경우에는 통제 집단에 비해 범주 점화가 반응시간을 빠르게 하였다. 그러나 전형성이 낮은 사례에서는(예를 들면, 발판－발판) 반응시간이 느려지는 효과를 초래하였다. 여기서 주목할 점은 이 실험은 목표단어가 어떤 범주에 속하는가를 판단하는 것이 아니라, 단지 제시된 2개의 단어가 서로 모양(물리적 형태)이 같은지 다른지를 판단하는 과제라는 점이다.

이런 효과는 억제기제를 가정하지 않고서는 설명하기 어렵다. 왜냐하면 활성화 촉진만을 가정하는 설명에서는 비전형적 사례의 경우 무관련 범주로 점화된 통제 집단과 최소한 같은 반응시간을 예측하기 때문이다. 즉 하위수순 사례가 상위수준 범주와 아무리 약하게 연계되어 있다 하더라도, 상위수준 점화자극은 하위수준 단위를 미약하게나마 활성화시킬 것이기 때문이다. 따라서 범주 점화가 반응시간을 촉진하는 것이 아니라 느리게 만드는 이유를 설명하기 위해서는 억제기제를 가정하는 것이 필요하다.

억제기제를 가정한 설명은 이렇다. 상위수준의 단위의 활성화는 전형성이 낮은 사례보다는 전형성이 높은 사례를 보다 많이 활성화시킬 것이다. 활성화된 사례 단위들은 상호간에 외측 억제를 발생시킨다. 어떤 단위가 보다 많이 활성화될수록, 이웃 단위들을 보다 많이 억제하는 것으로 가정한다. 따라서 전형성이 높은 사례는 범주 제시에 의해 보다 많이 활성화될 것이고, 전형성이 낮은 사례가 억제하는 것보다 더 강력하게 그 사례를 억제하게 된다. 결국 이러한 과정에 의해 비전형적 사례는 점화자극인 해당 범주에 의해 미미하게나마 활성화되지만,

더 강하게 활성화된 다른 전형적 사례에 의해 억제되고 따라서 무관련 점화 집단인 통제 집단에 비해서 반응시간이 느려지는 것이다.

이처럼 인지심리학에서는 인간의 다양한 인지과정에 작용하는 억제기제를 탐색해 왔다. 억제기제는 복잡한 외적, 내적인 현실 속에서 인간의 제한된 정보처리 자원을 효율적으로 사용하게 하고 또한 응집성 있는 표상을 형성하기 위한 중심 기제로 보인다.

5. 고정관념 활성화가 유발하는 억제효과

본 절에서는 본 연구의 문제와 직접적으로 관련을 갖고 있는 고정관념이 점화되었을 때 이것이 야기하는 억제효과를 다룬 연구를 살펴보기로 하겠다.

제한된 처리 용량을 갖고 복잡한 세계에 살고 있는 우리는 우리의 지식, 동기, 목적에 따라서 관련된 것과 무관한 것, 중요한 것과 사소한 것 등을 잘 구분하는 것이 중요할 것이다. 따라서 우리는 정보처리의 초기 단계인 지각 단계에서부터 선택적으로 처리를 하게 된다. 즉 관련된 자극은 선택적으로 더 많은 주의를 받고, 더 높은 활성화 상태에 있게 됨으로써 이후의 정보처리를 보다 효율적이 되도록 해준다. 앞에서도 지적한 바와 같이, 이와 관련하여 사회인지 영역의 많은 연구들에서는 주어진 어떤 자극이 이와 관련된 기억 내의 다른 지식을 활성화시킴으로써 자동적으로 특정 방향으로 처리를 촉진시킨다는 것을 보여주었다(Devine, 1989; Dovidio, Evans, & Tyler, 1986; Gaertner & McLaughlin, 1983; Gilbert & Hixson, 1991; Lepore & Brown, 1994; Lake, MacLeod, & Walker, 1994; Macrae, Bodenhausen, & Milne, 1995; Macrae, Stangor, & Milne, 1994; Perdue, Dovidio, Gurtman, & Tyler, 1990; Perdue & Gurtman, 1990).

그러나 이러한 활성화 촉진효과만으로는 우리에게 주어진 복잡하고 다측면적인 정보를 효과적으로 처리하기 어려워 보인다. 예를 들어 다이어트를 하는 사람이 아이스크림을 성공적으로 회피하기 위해서는 이것이 당분이 많고, 고칼로리 식품이라는 사실을 활성화시키는 것만으로는 부족할지 모른다. 이것과 아울러 이것은 아주 맛있는 음식이라는 생각을 억제할 필요가 있을지 모른다. 통상 모호하고 복합적인 자극을 처리해야 하는 우리의 정보처리 체계는 관련된 것을 활성화시키는 것만으로는 효율적으로 기능하기 어려워 보인다. 즉 특정 상황에서의 정보처리에 있어서 이러한 처리와 무관하거나, 대립되는 여타의 자극, 단서들은 적극적으로 억제될 필요가 있는 것이다. 이렇게 함으로써 우리는 우리의 제한된 처리 자원을 보다 효율적으로 사용할 수 있을 것이다.

5-1. 중다 범주(multiple categories)대상의 지각에 있어서의 억제

우리들이 일상생활에서 접하는 사람, 대상, 사건 등은 매우 복합적이고 다측면적이다. 이 중에서도 사람은 매우 복합적인 대상이라고 할 수 있다. 예를 들어, 사람은 나이, 성, 직업, 역할, 국적 등 여러 사회적 범주에 동시에 속하는 중다 범주대상이 된다. 그렇다면 우리는 동시에 다양한 범주에 속하는 사람들에 대해서 어떻게 판단, 인상형성 등을 할까? 예를 들어 우리가 나이 든 여교수를 만났다고 가정해 보자. 우리는 이 대상에 대해 어떻게 인상을 형성할 것인가? 이 대상은 복합적이다. 즉 노인이고, 여자이고, 또한 교수이다. 대상이 속한 여러 사회적 범주는 이 사람에 대한 우리의 인상형성에 동시적으로 영향을 줄 것이다. 또한 우리가 이러한 단서들 중 어떤 것에 더 주의를 기울이는가에 따라 이 대상에 대한 인상은 상당히 달라질 것이다.

Macrae 등(1995)은 이러한 의문은 문제의 중요성에도 불구하고 놀랍게도 사회심리학에서 최근까지 별로 다루어지지 않은 연구 주제였음을 지적하였다. 이들은 이런 문제를 제기하면서 중다 범주대상 처리에 있어서 억제기제의 작용을 가정하였다.

그러면 사람들이 중다 범주대상을 처리하는 몇 가지 가능한 방식을 생각해 보기로 하자. 첫 번째 처리 가능성은 망라적 처리이다. 이것은 개인이 속한 모든 집단과 관련한 고정관념을 통합적으로 처리하는 것이다. 즉 어떤 특정 범주를 선택하여 선택된 범주를 중심으로 인상을 형성하는 것이 아니라, 여러 관련 범주를 동등하게 고려하여 통합적 판단을 할 가능성이다. 예를 들어, 우리가 나이 든 여교수에 대한 인상판단을 한다고 했을 때 우리는 노인의 특성, 여자의 특성, 교수의 특성들을 동등하게 고려하고, 이들 특성들의 평균적 통합을 통해서 인상을 판단할 가능성이다. 그러나 이것은 효율적이고 간편한 처리라는 고정관념적 처리의 목적과 일치하지 않는 것으로 보인다. 이러한 처리는 지각자에게 과도한 처리의 부담을 줄 가능성이 있기 때문이다.

중다 범주대상을 처리하는 또 다른 가능성은 선택적 처리이다. 이것은 대상이 속한 여러 범주들은 서로 경쟁 관계에 있다고 보고, 이들 범주 중에서 어떤 하나의 범주만이 선택되고 이것을 중심으로 인상판단이 이루어질 것으로 보는 방식이다. 이러한 견해는 정보처리자로서의 인간을 인지적 절약자(Cognitive miser)로 보는 견해와 일치한다(Fiske & Taylor,1991).

이 문제에 대한 연구 결과는 대체로 선택적 처리를 지지하는 것이었다(Brewer, 1988 ; Fiske & Neuberg, 1990; Hamiton & Sherman, 1994). 이들

연구 결과에 따르면 우리의 타인에 대한 평가는, 다양한 범주 중에서 어느 하나가 지배적이 되어 인상형성을 주도한다는 것이다. 사실 이러한 선택적 처리 가능성은 고정관념의 기능과 더 부합하는데, 고정관념의 기능은 복합적이고 다측면적인 사회적 대상에 대한 지각을 단순화, 구조화하는 데 있기 때문이다(Hamilton & Sherman, 1994 ; Macrae, Milne, & Bodenhausen, 1994; Zarate & Smith, 1990).

그렇다면 다음에 제기되는 문제는 여러 경쟁하는 범주 중에서 하나의 지배적 범주는 어떻게 선택되는가 하는 문제가 될 것이다. 지금까지 연구는 다음의 3가지의 결정인을 지적하고 있다. 첫째, 특정 범주의 상대적 접근성(relative accessibility)이고(Bargh 등, 1986; Biernat & Vescio, 1993; Erber, 1990; Higgins 등, 1977; Srull & Wyer, 1979), 둘째, 지각자의 현재의 목적(Erber & Fiske, 1984; Pendry & Macrae, 1994), 셋째, 특정 사회 집단에 대한 지각자의 편견의 수준이다(Devine, 1989; Stangor 등, 1991). 그런데 이런 연구들은 경쟁하는 범주 중에서 어떤 하나의 범주가 선택되는 조건만을 주로 탐색해 왔다. 그렇다면 경쟁에서 탈락한 나머지 범주는 어떻게 되는가? 단순히 무시되는가, 적극적으로 억제되는가, 아니면 지배적 범주보다는 단지 약한 활성화 상태에 있게 되는가?

Macrae 등(1995)은 이 문제를 다루면서 대상이 속한 중다 범주의 활성화 후 경쟁에서 탈락된 범주들은 적극적으로 억제된다는 가설을 제안하였다. 그에 따르면, 예를 들어 우리가 중국 여자를 만났을 때, 우리의 인지처리에서는 중국인, 여자라는 두 개의 범주가 모두 동시에 활성화되고, 그 다음 이 두 범주 간 독점적 지배를 위한 경쟁이 발생한다고 가정한다. 그들은 앞에서 지적한 범주선택의 세 가지 이유 등에 의해서 경쟁에서 선택된 범주는 처음보다 활성화 수준이 더 높아지고, 반면에 선택되지 않은 범주는 기저선(base line) 수준 이하로 적극적으로 억제된다는 가정을 하였다. 이러한 아이디어는 앞에서 살펴본 Gernsbacher(1990)의 언어이해 과정에 작용하는 억제기제 작용과 유사하다.

만일 이런 방식으로 억제기제가 범주화 과정에 영향을 미친다면, 우리는 다음과 같은 결과를 예상할 수 있을 것이다. 즉 복합적 자극대상에서 지배적 범주로 선택된 고정관념의 내용(예를 들면, 전형적 성격특성들)에 대한 접근은 의미 있게 향상되거나 촉진되고, 반면에 경쟁에서 선택되지 못한 범주의 고정관념적 특성에 대한 접근은 적극적으로 억제를 받아 약화될 것이다.

이들은 이러한 가설을 검증하기 위해 실험 1단계에서 여자, 혹은 중국인의 전형적인 성격특성(예를 들면, 여자-friendly, emotional, 중국인-trustworthy, calm 등)을 지각적 탐색과제(vigilance task)를 통해 역치하 수준(75ms)으로 빠르게 제시하였다. 이 과정을 통해 피험자들은 여자, 혹은 중국인의 고정관념이 점화된다. 실험 2단계에서 의자에 앉아서 책을 읽고 있는 중국옷을 입은 여자를 담은 비디오를 보여주고 화면의 선명도와 같은 편집의 질을 평가케 하였다. 이 단계는 중다 범주대상을 제시하는 단계이다. 마지막으로 실험 3단계에서 여자 혹은 중국인의 전형적 성격특성어에 대한 어휘판단 과제를 실시하였다. 그리고 통제 집단은 실험 1단계에서 중국인과 여자의 고정관념과 무관한 단어들이 제시되는 지각적 경계과제를 수행하였고, 2단계에서는 야생동물의 생활에 관한 비디오를 시청하였다. 그리고 실험 3단계에서는 실험집단과 동일하게 중국인, 여자 관련 특성어에 대한 어휘판단 과제를 수행하였다. 만일 가정대로 범주선택 이후에 활성화 촉진뿐 아니라 억제도 작용한다면, 피험자가 실험 1단계에서 여자 범주가 점화되어 중국인 여자가 나오는 비디오를 보는 도중에 이 대상에 대해 여자 범주를 선택하였다면, 어휘판단 과제에서 여자의 전형적 특성 단어의 어휘판단은 통제 집단에 비해 더 빨라지고, 중국인의 특성 단어에 대한 어휘판단은 억제가 작용하여 점화 단계를 거치지 않은 통제 집단에 비해 더 느린 판단시간을 보여야 한다.

실험 결과, Macrae 등은 이러한 예상과 일치되는 결과를 얻었다. 즉 실험 결과는 그림 1에서와 같이 여자 범주가 점화되어 비디오에 나온 대상을 여자를 중심으로 인상형성을 한 피험자들은 통제 집단에 비해 여자의 고정관념적 특성어에 대해서는 더 빠른 판단시간을 보였지만, 중국인의 특성 단어에 대해서는 더 느린 판단시간을 보였다. 반면에 중국인 범주를 선택한 피험자들은 중국인 특성에 대한 판단은 통제 집단에 비해 더 빨라졌지만, 여자 특성어에 대한 판단은 더 느려지는 결과가 나타났다.

이러한 결과는 범주 간 지배를 위한 경쟁이 일어나 이 경쟁에서 밀려난 범주는 단순히 소멸되는 것이 아니라 적극적으로 억제된다는 것을 시사하는 것이다. 만일 단순히 소멸된다면 반응시간에 있어서 통제 집단과 차이가 없어야 하기 때문이다.

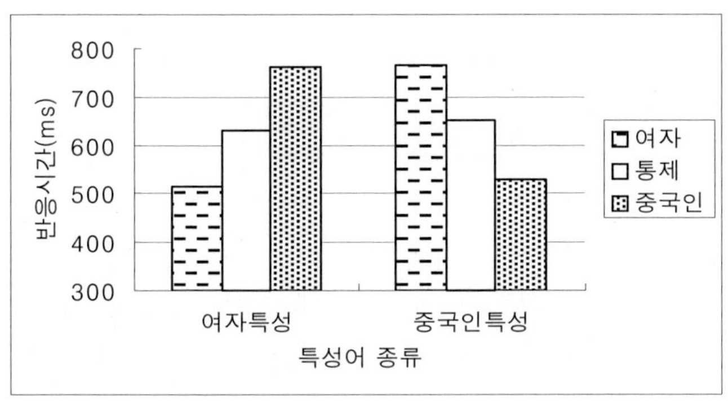

그림 1. 중국 여자 지각 후 점화 종류에 따른
관련 특성에 대한 어휘판단 시간

그런데 이러한 현상에 대해 능동적 억제기제가 아니라 활성화만으로도 설명이 가능하지 않는가 하는 의문이 들 수도 있다. 즉 중국인 특성에 대한 판단 시간이 느려지는 이유는 단지 여자 특성들이 더욱 활성화되어 상대적으로 중국인 특성은 더 약한 활성화 상태가 되기 때문이라고 볼 수도 있다. 즉 전체 활성화 총량은 일정하게 제한되어 있고 어떤 하나가 더 많이 활성화 상태에 들어가면 다른 것으로 갈 수 있는 활성화량은 상대적으로 더 줄어들기 때문으로 볼 수 있다.

그러나 이런 대안적 해석은 이 실험에는 적용될 수 없다. 이 실험에서는 중국인 특성과 여자 특성을 비교한 것이 아니라, 각각의 특성과 통제 집단을 비교했기 때문이다. 억제를 가정하지 않는 활성화 확산 모형에서는 점화되지 않은 특성은 기준선(base line) 역할을 하는 통제조건 간 차이가 없을 것으로 예언한다. 실험 결과는 점화되지 않은 특성은 통제 집단보다 더 느려지는 결과를 보였다. 이러한 결과는 억제기제를 가정하지 않는 활성화 확산 모형으로는 설명할 수 없는 결과라 할 것이다.

이러한 Macrae 등의 연구는 사실 우리의 상식과는 반대되는 결과를 보여준 것이다. 즉 우리가 중국인 여자를 보았을 때 중국인 특성, 여자 특성이 모두 활성화되기 때문에 어느 하나(중국인 혹은 여자)가 사전 점화를 통해서 선택되어 더 강한 활성화 상태에 있다고 하더라도, 나머지도 약간은 활성화될 것이기 때문에 선택된 것보다는 약하지만 약간은 촉진효과를 유발할 것이라고 기대하는 것이 상식적이기 때문이다. 그러나 결과는 촉진효과가 없는 정도가 아니라 무관련 점화 집단보다도 판단시간이 더 느려진 결과가 관찰된 것이다. 이것은 억제기제를 가정하지 않고서는 설명하기 어려워 보인다. 이러한 중다 범주대상 지각에 있어서 발생하는 억제는 처리의 효율성과 응집성 있는 표상형성이라는 목적을 위해 발생하는 것으로 볼 수 있다.

5-2. 고정관념 활성화에 따른 반대특성의 억제

고정관념 활성화 후 고정관념과 일치하는 특성에 대한 접근 촉진효과는 널리 인정되어 왔다(Stangor & Lange, 1994). 그러나 반대특성에 대한 접근의 억제 가능성에 대한 탐색은 상대적으로 무시되어 왔다(Dijksterhuis & Knippenberg, 1996). 이 가설은 예를 들어, 축구장 난동 패거리인 훌리건(hooligan)의 고정관념이 활성화되면 이것의 반대특성(예를 들면 '지적인', '친절한' 등)들은 기저선 이하로 적극적으로 억제된다는 것을 말한다. 이들이 이러한 가설을 제안하기 전에 이러한 가능성을 시사하는 몇몇 연구들이 있었다.

Perdue 와 Gurtman(1990)은 고정관념 영역에서 의미적 억제의 가능성을 지적하였다. 이들의 연구에서는 첫 번째 과제에서 피험자에게 역치하 수준에서 "young" 또는 "old"의 단어를 점화시켰다. 그 다음 과제에서 피험자들은 여러 특성어의 평가적 함의를 판단하였고, 이들의 판단 잠재시간을 측정하였다. 그 결과 "young"으로 점화된 피험자들은 긍정적인 의미의 단어를 판단할 때 가장 빠른 반응시간을 보였다. 그런데 이 연구에서 주목할 만한 것은 "young"과 부정적 단어가 짝지어 졌을 때는 "old"와 긍정적이거나 부정적 의미의 단어가 짝지어 졌을 때보다 판단시간이 느려졌다는 점이다. 이러한 결과는 "young"의 긍정적 의미와 부정적 특성어의 부정적 의미 간의 불일치로 인해 판단시간이 느려 진다는 것을 의미하는 것이다.

또한 태도 연구에서도 긍정적, 혹은 부정적 태도의 활성화는 이 태도와 평가적으로 일치하는 단어에 대해서는 더 빠른 반응시간을, 불일치하는 단어에 대해서는 더 느린 반응시간을 나타나게 한다는 것을 보여주었다(Bargh, Chaiken, Govender, & Pratto, 1992; Bargh, Chaiken, Raymond, & Hymes, 1996; Fazio, Sanbonmatsu, Powell, & Kardes, 1986). 그리고 Dijksterhuis 등(1995a, 1995b)의 연구에서 피험자에게 훌리건에 관한 행동 기술문을 읽게 한 다음 기술문에 대한 회상을 시켰을 때, 고정관념의 전형적 특성과 반대되는(inconsistent) 정보의 재인과 회상은 손상되었다. 이러한 결과는 반대되는 특성에 대한 접근이 억제되었을 가능성을 시사한다.

그러나 이들의 연구에서 직접적으로 억제의 작용을 추론하기에는 무리가 있다. 이들 실험에서는 통제 집단이 없기 때문에, 일치특성과 불일치특성 간의 상대적 접근의 차이만을 알 수 있기 때문이다. 따라서 이러한 연구 결과는 억제기제를 가정하지 않고 활성화 촉진만으로도 일치, 불일치특성 간의 반응 차이를 충분히 설명할 수 있다. 즉 앞에서도 지적한 바와 같이 활성화 총량은 고정되어 있다고 했을 때 어느 한 개념에 활성화 확산이 몰리면, 상대적으로 다른 개념에는 활성화가 적어지게 되고 결국 이 두 개념에 대한 판단시간에는 차이가 발생하는 것으로 설명 가능하기 때문이다.

Dijksterhuis와 Knippenberg(1996)는 고정관념 활성화에 따른 불일치특성에 대한 억제기제의 작용을 다음과 같은 실험 절차를 통해서 보다 직접적으로 알아보았다. 실험 1단계에서 전형적인 훌리건을 떠올리고, 이들의 행동 특징, 외모, 라이프스타일 등을 생각나는 대로 자유롭게 기술케 함으로써 훌리건의 고정관념을 점화시켰다. 그리고 이 과제와 무관한 것으로 믿게 한두 번째 과제에서 사전에 조사된 훌리건의 고정관념과 일치하는 특성어(aggressive, violent, prejudiced, insolent, insurgent, fanatic), 불일치하는 특성어(intelligent, friendly, understanding, industrious, thoughtful, tolerant), 무관한 특성어(spontaneous, adventurous, nervous, introverted, happy, persuasive) 등을 제시하고 어휘판단 과제(Lexical Decision Task)를 실시하였다. 실험 결과는 그림 2에서와 같이 훌리건과 일치하는 특성어의 경우, 점화조건에서 반응시간이 더 빨라졌고, 반면에 반대특성은 점화조건에서 반응시간이 더 길어졌다. 그리고 무관특성은 점화 집단과 통제 집단 간 다소의 차이가 있었지만 유의미한 것은 아니었다.

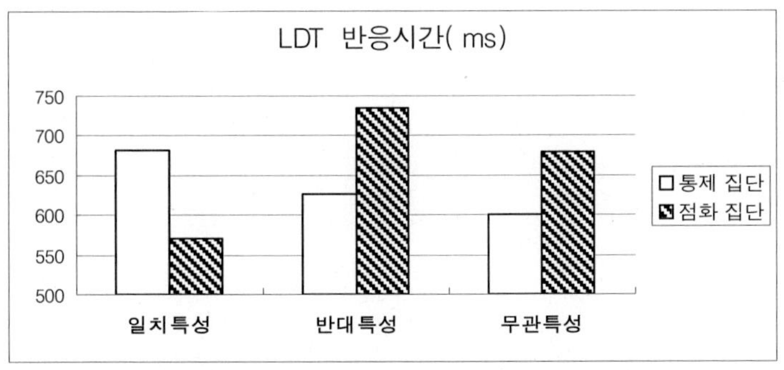

그림 2. 고정관념 점화 후 관련 특성에 대한 평균 반응시간 - Hooligan

무관한 특성어를 비교를 위한 기저선(base line)으로 잡았을 때, 일치특성의 경우에서 가장 빠른 판단 반응을 보인 것은 활성화 확산에 의한 촉진효과 때문이고, 불일치특성이 무관한 특성어보다 더 느린 반응을 보인 것은 이러한 특성들이 억제되어 기저선 이하로 활성화 수준이 떨어졌기 때문으로 설명할 수 있다. 연구자들은 어휘판단 과제가 아니라 단어 퍼즐을 사용하여 특성 단어를 찾게 한 실험 절차를 통해서도 동일한 결과를 얻었다.

이러한 결과는 활성화 확산기제만으로는 설명하기 어렵고 능동적인 억제기제의 작용을 시사하는 결과라 하겠다. Dijksterhuis 등(1996)은 이러한 결과를 설명하기 위해 고정관념과 반대특성 간 부적 연합(negative association)을 가정하였다. 촉진효과를 설명하기 위해 가정된 정적 연합(positive association)의 개념과 유사하게, 억제적 활성화를 본질로 하는 부적 연합을 가정하여 결과를 설명하였다. 즉 고정관념과 이것과 반대되는 특성 간에는 억제적 활성화를 본질로 하는 부적 연합을 맺고 있고, 따라서 고정관념이 활성화되면 이것은 자동적으로 반대특성에 억제적 효과를 보이는 것으로 설명하였다.

제2부 고정관념(stereotype)의 활성화가 인상형성에 미치는 영향

1. 연구문제

이상에서 살펴본 바와 같이 애매한 정보의 해석에 미치는 범주 접근성 효과는 다양한 절차와 주제에 걸쳐 반복적으로 검증되어 왔다. 그러나 우리나라에서는 아직 사회인지 영역에서 범주 접근성 효과를 다룬 연구가 전무한 상태이다.

본 연구에서는 기존 연구의 가정에 따라 점화방법을 의미분척(sementic differential)을 사용한 이미지 조사 절차를 적용하여 고정관념(stereotype)을 활성화시키는 것으로 하여, 활성화된 고정관념이 인상판단에 어떻게 영향을 주는가를 알아보고자 하였다. 고정관념은 특정 집단 성원의 특성에 관한 비교적 안정된 신념이라고 할 수 있다. 이 고정관념은 일종의 사회적 집단에 대한 스키마로서 그 하위 요소들은 서로 일정한 상호 연관을 맺고 있다. 고정관념의 한 요소가 활성화되면 이것과 링크로 연결된 다른 요소들로 활성화 확산이 일어나게 된다. 이렇게 활성화 수준이 높아진 범주들은 이것과는 무관한 다른 판단과제에도 활성화된 범주와 일치하는 방향으로 영향을 미치게 된다. 즉 동화효과가 발생한다는 것이 기존 연구의 결과이다.

본 연구에서는 기존 연구의 가설에 따라 고대생의 고정관념을 대상으로 하여 이것을 의미분척(sementic differential)을 통한 이미지 조사방법을 통해서 점화시키고 이것이 애매한 자극인물에 대한 평가에 동화효과를 일으키는가를 알아보고자 하였다. 기존 연구 성과가 타당하다면 본 연구에서 새롭게 도입된 의미분척에 의한 점화방식도 고정관념을 활성화 시켜, 이것의 하위 성격특성들을 일시적으로 더 접근 가능하게 (accessible) 만들 것이다. 그렇다면 이것은 점화과제와는 무관한 다른 판단과제에 대해 활성화된 특성과 일치하는 방향으로 판단을 유도하는 동화효과를 보일 것으로 예상된다. 즉 점화 단계에서 고대생에 대한 고정관념이 활성화되었다면, 이것은 이것과 전혀 무관한 것으로 믿게 한 어떤 가상의 인물에 대한 인상형성 과제에서 대상인물을 더 고대생 특성과 일치하는 방향으로 판단한다는 의미이다.

그리고 이것과 연관된 것으로 Higgins 등에 따르면 점화과정에 의해 특정 범주가 활성화된다 하더라도 이것이 그 대상에 적용 가능하지 않을 때 이것은 자극인물 판단에 영향을 미치지 않는다는 가설을 또한 재검증해 보았다. 즉 특정 고정관념이나 특성이 활성화된다 하더라도 이것이 무조건 자극대상에 적용되는 것은 아니다. 자극대상이 활성화된 고정관념의 하위 내용과 어떤 관련성이 있을 때에만 이것은 대상에 대한 판단에 영향을 미친다는 것이다. 본 연구에서는 고대생의 고정관념의 하위 내용 중 일부를 자극인물에 대한 기술문과 무관한 것으로 하여, 기술문에 근거해서는 이들 차원에 대한 성격판단을 하기 어려운 것으로 하여 이 효과를 검토해 보기로 하였다.

가설 1: 고대생의 고정관념이 점화된 집단은, 이것과 무관한 인상형성 과제에서 고대생 고정관념의 하위특성(집단주의적)과 일치하는 방향으로 자극인물에 대해 인상판단을 할 것이다.

가설 2: 고대생의 고정관념이 점화되더라도, 이것의 하위특성(활동적, 소박한)이 자극인물에 적용 가능하지 않을 때는 자극인물의 인상판단에 영향을 미치지 않을 것이다.

2. 방법 및 절차

연구 절차의 개요

실험 실시에 앞서 고대생의 고정관념을 사전 조사를 통해서 알아보았다. 이 고정관념 중에서 가장 대표적인 것으로 '집단주의적' 특성을 추출하였다. 그리고 본 실험에서는 연구에 참여한 피험자에게 "오늘 여러분이 참여하게 될 연구는 두 가지라고 말을 해주면서 첫 번째 연구는 원래는 계획에 없었던 것이었다고 말해 주었다. 집단 이미지를 연구하고 있던 다른 연구자가 일부 자료를 소실하는 바람에 긴급히 본 연구자에게 부탁을 하여 먼저 이미지 설문에 참여하게 될 것이다라고 하였다. 피험자들은 이미지 연구자로 가장한 본 실험의 보조자를 통해서 설문 응답 요령에 관한 설명을 듣고 고대생, 혹은 회사원 이미지 설문 조사에 참여하였다. 여기서 통제 집단을 회사원으로 한 것은 집단의 범위나 특성이 막연하여 특정한 특성으로 정형화되기 어려운 집단으로 판단되었기 때문이다. 그 다음 다른 실험자가 들어가서 피험자들에게 여러분의 협조 덕분에 전 연구자는 무사히 논문을 쓸 수 있게 될 것 같다고 말을 하여 다음에 실시하는 인상형성 연구와는 전혀 관련이 없는 것처럼 다시 한번 믿게 하였다. 두 번째 실험자는 오늘 여러분이 참여하게 될 본 연구는 인상형성에 관한 것이라고 말해 주었다. 실험자는 먼저 기술문을 피험자들에게 나누어 주고 이것에 등장하는 자극인물의 성격을 생각해 보면서 기술문을 읽도록 하였다. 피험자들이 기술문을 다 읽은 후 자극인물을 평가할 수 있는 11개 항목으로 된 평가지를 나누어 주고 자극인물을 평가케 하였다." 그리고 마지막 집단의 실험에서 앞의 이미지 조사 연구와 인상형성 연구 간의 관련성 여부를 물어 보았지만 이것의 관련성을 의심한 피험자는 한 명도 없었다.

고대생 자신이 본 고대생 고정관념 예비 조사

1) 응답자: 심리학 개론을 수강하는 고대생 30명을 응답 대상자로 하였다.

2) 설문방법: 응답자에게 고대생 하면 떠오르는 고대생의 특성, 행동 특징, 이미지 등을 생각나는 대로 자유롭게 기술하게 하였다.

표 1. 설문 결과 요약

	특성 범주명	하위 내용	인원수/비율
1	집단주의적	선후배의 정, 단결·응집성, 배타성	27명/90%
2	활동적	적극적, 남성적, 과격(거칠다)	20명/66.6%
3	소박한	세련되지 못하다, 촌스럽다, 칙칙하다, 꾸밈없다	15명/50%
4	보수적	전통적, 변화에 둔감, 안정지향	9명/30%
5	긍지·애교심	자랑스럽다	9명/30%

이러한 설문 결과를 바탕으로 가장 많이 지적된 3개 특성(집단주의적, 활동적, 소박한)을 선택하였고, 이 중에서 집단주의적 특성을 기술문의 중심 주제로 잡았다. 그리고 나머지 2개 특성은 적용 가능하지 않은(unapplicable) 특성으로써 성격 평가지에 포함시켰다. 이 특성들은 활성화되었지만 적용 가능하지 않을 때, 동화효과를 가져오는가를 알아보기 위한 것이다.

피험자

본 실험에 참여하는 피험자는 심리학 개론을 수강하는 110명의 대학생으로 하였고, 이들은 15-20명씩 한 조가 되어 각 실험조건에 참가하였다.

기술문 작성

설문을 통해서 추출한 '집단주의적'의 차원을 중심으로 자극인물에 대한 에피소드를 구성하였다. 에피소드 내용은 약간 '집단주의적'의 반응이 나오도록 이야기 구성하였다. 즉 11점 척도상에서 5-6점 정도의 평가가 나오도록 내용을 조정하였다. 그 내용은 다음과 같다.

　나는 평소 잘 알고 지내는 친구들과 영화를 보기 위해 시간에 맞추어 약속 장소에 나갔다. 약속시간이 되자 다른 친구들은 다 모였는데 영수만이 나타나지 않았다. 15분쯤 지난 후 영수가 나타났는데, 갑자기 선배가 부탁한 일을 해 주고 오느라고 늦었다는 것이다. 급하게 선배가 부탁하는 일이라 영수는 거절할 수가 없었다고 했다. 우리는 영수에게 다음에는 늦지 말라고 하고는, 어떤 영화를 볼 것인지 서로 의견을 나누었다. 각자 자기가 보고 싶은 영화를 보자고 하는 바람에 의견 통일이 쉽지 않았다. 영수도 자기가 보고 싶은 영화를 주장했지만, 액션물을 보겠다는 사람들의 의견이 우세해지자 그는 시간이 얼마 없으니 대충 모아진 의견으로 정하는 것이 좋겠다고 하였다. 모두들 영화 시작 시간이 임박한 관계로 서둘러 극장으로 달려갔다. 다행히 영화 상영에는 늦지 않았지만, 영화가 그다지 재미있지는 않았다. 영수와 한 친구는 다음에는 자기가 추천한 영화를 보자고 하였다.

　우리는 영화를 본 뒤 저녁을 먹으려고 음식점으로 들어갔다. 식당에서 영수는 우연히 고교 동창을 만났다. 영수는 그 친구에게 다음 달에 동창 모임이 있으니 그때 보자고 하고, 우리 일행으로 돌아왔다. 우리는 저녁을 먹으면서 이런저런 이야기를 하다가 배구가 화젯거리로 떠올랐다. 영수는 자기 회사 팀의 경기는 자주 보는 편이라고 말했다. 다른 한 친구는 TV로 보는 것보다 직접 가서 보는 것이 더 좋다고 하였다. 하지만 이 친구는 길이 막혀서 점점 직접 가는 것이 꺼려진다고 하였다. 이야기는 자연스럽게 날로 심각해지는 서울의 교통 상황의 해법에 대한 것으로 넘어갔다. 각자 나름대로의 해법을 말하는 도중, 영수는 장기적으로 체계적인 교통 문제 연구가 필요하다고 했다. 술을 마시며 이런저런 화제로 이야기를 하다 보니 적지 않게 시간이 흘렀다. 영수가 오늘은 그만 일어나는 것이 어떠냐고 하자, 한 친구는 한잔 더 하자며 2차를 가자고 하였다. 나는 함께 2차를 갔으면 했지만, 시간이 늦은 관계로 있을 사람은 있고 갈 사람은 가자고 하였다. 일행은 결국 각자의 선택에 따라 집에 갈 사람과 2차 갈 사람으로 갈라지게 되었다. 우리는 헤어지기 전에 다음에 다시 만나기로 약속을 하고 음식점을 나왔다.

성격 평가지 작성

총 11문항을 9점 척도로 구성하였다. 여기서 '집단적', '동조적', '개인주의적'의 문항은 집단주의 성향을 측정하는 문항으로 설정하고 각 피험자의 점수는 이 3문항의 평균값으로 하였다('개인주의적'의 문항의 값은 반대값으로 전환하여 계산하였다). 나머지 8문항 중 4문항(활동적 – 내향적, 소박한 – 세련된)은 기술문의 내용과는 관계가 없으나, 즉 적용 가능하지 않으나 고대생 고정관념의 중요 내용들이다. 이것도 고정관념 활성화에 의해 영향을 받는지 알아보고자 하였다. 나머지 4문항은 내용과 무관한 허위 문항(filler)으로 하였다.

이미지 의미분척(semantic differential) 제작

집단 성원의 평가에 적절하다고 판단된 59개의 특성 형용사의 양극 차원으로 구성하였다. 설문은 각각 고대생과 회사원의 이미지 조사에 적절하도록 지시문만 다르고 내용은 두 가지가 동일하다.

3. 결과 및 논의

고정관념의 활성화가 인상형성에 미치는 영향을 알아보기 위해 실험 집단인 고대생 이미지 설문을 한 집단과 통제 집단인 회사원 이미지 설문을 한 집단의 자극인물에 대한 평가를 T-검증하였다. 자료를 통계 처리하기 전에, 집단주의적 판단을 나타내는 하위항목인 '집단적', '동조적', '개인주의적'에서 일관성 여부를 판단하였다('개인주의적'의 문항은 역으

로 점수를 변환하였다). 9점 척도상에서 이들 하위 항목에서 4점 이상 차이가 나는 자료는 신뢰성이 없는 것으로 보고 분석에 제외하였다(12명).

고대생 고정관념의 활성화가 자극인물의 '집단주의적' 성격 판단에 미친 영향

본 연구에서 제안한 가설은 고대생 고정관념이 점화된 집단은 집단주의적 차원에서 애매한 자극인물을 통제 집단에 비해 더 집단주의적인 것으로 판단할 것이다라는 것이었다. 연구 결과는 이러한 가설을 지지하였다. 여기서 각 집단의 평균값은 앞에서도 지적하였듯이 피험자가 평가지에 있는 '집단적', '동조적', '개인주의적'의 문항에 응답한 평균값이다. 실험 집단과 통제 집단 간의 집단 간 차는 P<.037 수준에서 유의미하였다.

표 2. 집단 간 '집단주의적' 성격판단에 있어서의 차이

점화조건	피험자 수	평균	표준 편차	t - 값	유의도
고대생	50	6.66	1.30	2.12	p<.037
회사원	48	5.99	1.78		

이러한 결과는 본 연구의 가설을 지지하는 결과이다. 즉 회사원으로 점화된 통제 집단에 비해 고대생으로 점화된 실험 집단이 '집단주의적'의 성격 차원에서 애매한 자극인물을 더 집단주의적인 것으로 판단하였다. 이것은 본 연구에서 설정한 가설인 고정관념이 활성화되면 이것은 자동적으로 고정관념의 하위 내용인 여러 성격 범주의 접근성을 높임으로써, 이후에 이것과 전혀 무관한 과제, 즉 인상형성에 영향을 준다는 생각을 지지하는 것이다.

고정관념의 활성화가 자극인물의 '활동적', '소박한' 성격판단에 미친 영향

본 연구에서는 기존 연구의 결과에 따라 특정 고정관념이 활성화되도 이것이 자극인물에 적용 가능하지 않을 때 이것은 인상형성에 아무런 영향을 주지 못할 것으로 가정하였다. 실험 결과는 이러한 가정을 지지하였다.

표 3. 집단 간 '활동적' 성격판단에 있어서의 차이

점화조건	피험자 수	평균	표준 편차	t-값	유의도
고대생	50	5.83	2.04	-.75	.457
회사원	48	6.11	1.70		

표 4. 집단 간 '소박한' 성격판단에 있어서의 차이

점화조건	피험자 수	평균	표준 편차	t-값	유의도
고대생	50	5.56	1.373	.15	.884
회사원	48	5.52	1.280		

표 3, 4에서 나타난 바와 같이 이 두 특성에서는 실험 집단과 통제 집단 간 차이가 없었다. 이것은 고대생 고정관념의 하위 내용인 어떤 특성이 활성화된 상태에 있더라도 이것이 자극인물에 적용 가능하지 않을 때는 이후의 과제에 영향을 미치지 않는다는 것을 의미한다.

논 의

사회인지 분야에서는 범주 접근성 개념에 근거하여 애매한 정보의 처리과정을 연구해 왔다. 사회적 자극, 정보의 처리는 자료와 처리자의 지식, 기대, 욕구의 상호작용의 산물이다. 사회적 정보는 그 자체에 고유한 의미가 내재해 있기보다는 지각자의 해석에 크게 의존하게 된다. 따라서 동일한 정보, 자극에 노출되어도 사람마다 상이한 판단이나 해석이 가능해 지게 된다. 사회인지 영역에서는 자극해석에 영향을 미치는 기제로서 범주나 개념의 지식 표상 내에서의 활성화 정도가 중요한 영향을 줄 것으로 가정하여 많은 지지 증거를 찾아내었다(Bargh, Bond, Lombardi, 및 Tota, 1986; Bargh, Lombardi, 및 Higgins, 1988; Bargh와 Thein, 1985; Higgins, King, 및 Marvin, 1982; King과 Sorrentino, 1988).

본 연구에서는 기존 가정에 근거하여 고대생의 고정관념의 활성화가 무관한 자극인물에 대한 인상판단에 미치는 효과를 알아보았다. 본 연구에서 제시하는 독특한 가설은 없고 단지 기존 가설을 새로운 방법을 적용하여 반복 연구를 한 것이다. 본 연구에서는 고대생에 대한 고정관념을 대상으로 이것을 의미분척을 사용한 이미지 조사방법을 통해 이 고정관념을 점화시켰다. 그리고 다음의 인상형성 과제에서 '집단주의적'의 차원에서 애매한 자극인물의 기술문을 읽게 한 다음 자극인물에 대한 성격을 판단케 하였다. 결과는 기존 연구와 일치되게 고대생 이미지 조사를 통해 고대생의 고정관념이 점화된 실험 집단은 자극인물을 더 '집단주의적'인 것으로 판단하였다. 그리고 점화 단계에서 고대생 고정관념의 하위 내용으로서 활동적, 소박한의 특성 차원은 두 집단 간 차이가 없었다. 이것은 고정관념의 내용이 점화 단계에서 활성화되더라도, 자극인물에 적용 가능하지 않을 때는 인상형성에 아무런 영향을 주지 않음을 의미하는 것이다. 이것은 Higgins 외(1977), Devine(1989) 등의 연구에서도 나타난 결과이다.

본 연구의 문제점으로는 첫째, 실험 집단과 통제 집단 간에 유의미한 차이($p < .05$)가 나타나기는 하였지만, 효과의 크기(9점 척도상에서 '집단적'의 차원에서 두 집단 간 차: .67)는 적은 것으로 보인다. 이러한 결과가 나타난 이유로 점화 단계에서 고대생의 고정관념이 충분히 활성화되지 않았을 가능성이 있다. 본 연구에서 점화 단계에서 사용한 형용사

의미분석의 내용을 보면 고대생의 고정관념 내용과 관련이 있는 항목은 20개 정도(49%)였고, 나머지는 무관한 것이다. 이것은 기존의 다른 연구에서 사용한 점화자극의 수와 비교해 보면 적은 수치이다. Srull과 Wyer(1979)의 연구에서 점화량과 점화효과의 크기가 정적 함수관계가 있었다는 결과에 비추어 고려해 보면 이런 해석은 설득력이 있어 보인다. 그래서 보다 강한 효과를 얻기 위한 방법으로 실험 절차를 형용사 의미분 척을 통한 점화방법 외에 전형적 고대생에 대한 자유 기술 조건을 추가로 구성하여 효과를 살펴보는 방법도 가능할 것으로 보인다. 이러한 추가조건은 점화 단계에서 더욱 강한 고정관념의 활성화를 야기하여 이것은 이후의 과제인 인상형성에 보다 강한 효과를 가져올 것으로 예상된다.

그리고 '집단주의적' 차원에서 애매한 자극인물의 에피소드를 작성하는 데 어려움이 있었다. 기존 연구에서는 주로 '적대적' 특성을 주제로 한 기술문을 사용한 관계로 '집단주의적' 특성과 관련된 연구는 없었기 때문에 참고할 만한 것이 없었다. 또한 이

'집단주의적' 특성은 기존의 다른 특성에 비해 추상화 수준이 더 높아 이것을 함의하면서도, 약간 애매한 구체적인 행동 사례를 포함하는 적절한 기술문을 쓰기 어려웠다. 이것과 관련된 문제로 본 연구에 참여한 피험자들이 고대생이 이었기 때문에 이들은 아마도 타 대학 학생들보다 더 강한 '집단주의적' 특성의 범주 접근성을 갖고 있을 가능성이 있다. 따라서 이들은 다른 피험자들이 기술문을 읽었더라면 자극인물을 '집단주의적'이라고 생각하지 않을 내용도 더 집단주의적인 것으로 평가했을 가능성이 있다. 따라서 기술문 작성과정에서 몇 차례에 걸쳐 집단주의적 차원에서 내용을 약화시키는 내용과 표현으로 변경하였다. 그 결과 고대생 이외의 사람들이 이 기술문을 읽어보면 자극인물에 대해 약간 '집단주의적'(9점 척도상에서 5-6점)으로 판단하지 않을 가능성도 있어 보인다.

제3부 고정관념 활성화에 따른 회상의 촉진과 억제효과

1. 연구 문제

지금까지 사회인지 분야에서는 앞에서도 지적한 바와 같이 사회적 정보처리 과정에서 일어나는 촉진효과에 대한 연구가 많이 진행되어 왔다(최일호와 한성열, 1977; Devine, 1989; Dovidio, Evans, & Tyler, 1986; Gaertner & McLaughlin, 1983; Gilvert & Hixson, 1991; Lepore & Brown, 1994; Locke, MacLeod, & Walker, 1994; Macrae, Bodenhausen, & Milne, 1995; Macrae, Stangor, & Milne, 1994; Perdue, Dovidio, Gurtman, & Tyler, 1990; Perdue & Gurtman, 1990). 그러나 최근 들어 억제기제를 가정하는 인지심리학의 연구 성과를 바탕으로 사회적 정보처리 과정에도 촉진효과뿐 아니라 억제기제도 작용한다는 연구가 제시되었다(Dijksterhuis &

Knippenberg, 1996; Macrae, Bodenhausen, & Milne, 1995).

본 연구에서는 사회적 정보처리에서 작용하는 억제기제를 탐색해 보고자 하였다. 이 중에서도 Dijksterhuis 등(1996)이 제안한 고정관념 활성화 후 반대특성 억제효과를 회상과제를 통해서 재검증해 보았다. 그리고 고정관념이 활성화되었을 때 왜 반대특성이 억제되는가 하는 점을 기존의 연구자들의 설명과는 다른 대안적 가설을 제안하고 그 타당성을 검토해 보았다.

통상 고정관념은 한번 형성되면 잘 변하지 않는다는 고정관념 경직성(stereotype rigidity) 경향은 잘 알려져 있다(조혜자, 2001; Kunda & Oleson, 1995; Rothbart & John, 1985; Weber & Crocker, 1983). 이러한 경직성의 원인으로 고정관념과 일치하는 정보에 더 많은 주의를 기울이고, 주어진 정보를 고정관념과 일치하는 쪽으로 해석하고, 또한 고정관념 일치 정보를 더 잘 기억하는 경향이 있음이 보고되었다(Bodenhausen & Lichtenstein, 1987;

Crocker, Hannah, & Weber, 1983; Devine, 1989; Sagar & Schofield, 1980). 이러한 효과는 일반적으로 고정관념의 촉진효과로 설명된다(Macrae, Stangor, & Milne, 1994).

그런데 고정관념이 유지되기 위해서는 이러한 촉진효과보다도 불일치 정보를 무시하는 것이 더욱 중요할 수 있다. 사실 고정관념은 부분적이거나 제한적인 경험이나 사실에서 과도하게 일반화된 것이기 때문에, 지지 증거 못지않게 반대 증거도 많기 때문이다. 우리가 엄밀하게 정보처리를 한다면 고정관념은 형성, 유지되기 어려울 것이다. 왜냐하면 우리는 쉽게 고정관념과 불일치하는 사례를 경험할 수 있기 때문이다. 따라서 한번 형성된 고정관념이 유지되기 위해서는 일치 증거를 찾는 것 못지않게, 고정관념과 반대되는 증거를 무시하는 것이 중요하다고 하겠다. 예를 들어 우리는 경상도 사람에 대해 '시끄럽다'는 고정관념을 갖고 있지만 우리는 주변에서 경상도 사람 중에 과묵하고 차분한 사람도 쉽게 볼 수 있기 때문이다. 따라서 고정관념이 많은 반증 사례에도 불구하고 유지되기 위해서는, 불일치

정보는 적극적으로 억제될 가능성이 제기될 수 있을 것이다.

이러한 가능성을 제안한 Dijksterhuis과 Knippenberg (1996)는 고정관념 활성화 후 반대특성이 억제되는가를 알아보기 위해 훌리건과 교수의 고정관념을 대상으로 단어판단 과제(lexical decision task)와 주어진 철자 모음에서 유의미한 단어를 찾아내는 단어 퍼즐(word puzzle)방법을 사용하였다. 실험 결과, 훌리건 고정관념이 활성화되었을 때 훌리건의 일치특성에 대한 단어 판단시간은 무점화 집단보다 더 빨라졌지만, 반대특성어에 대한 판단시간은 더 느려졌다. 이러한 결과는 일치특성에 대한 촉진효과뿐 아니라, 반대특성의 접근에 대한 억제를 시사하는 결과라 할 것이다.

그러나 이러한 어휘판단 과제나 단어 퍼즐 절차를 사용한 결과는 반대특성에 대한 접근의 억제를 시사해 주기는 하지만, 직접적으로 고정관념의 작용에 대한 의미는 약하다고 볼 수 있다. 왜냐하면 어휘판단이나 단어 찾기와 같은 하위수준의 처리에서 억제효과를 관찰했기 때문이다. 만일 특성어의 회상 같은 절차에서도 억제효과가 관찰된다면 고정관념 활성화 후 반대특성 억제가설은 사회심리학적으로 보다 직접적인 의미를 갖는다고 할 수 있을 것이다. 사실 고정관념은 일부의 개별적인 사실에서 과도하게 일반화된 신념이기 때문에, 이것과 불일치하는 사례를 쉽게 접할 수 있음에도 고정관념은 쉽게 변하지 않는 경향이 있다. 고정관념이 반증 사례에도 불구하고 유지되는 데는 우리의 기억 속에서 불일치 정보는 적극적으로 억제될 가능성이 있는 것이다. 따라서 우리는 특정 대상이 고정관념과 상반된 행동을 하는 것을 보더라도 이러한 정보는 우리의 기억 속에서 억제되어 정보처리에 사용되기 어렵기 때문에, 결국 고정관념을 변화시키는 역할을 하기 어렵게 된다.

본 연구에서는 Dijksterhuis 등(1996)이 제안한 고정관념 활성화 후 반대특성 억제가설을 깡패 고정관념을 대상으로 회상 절차를 통해서 알아보고자 하였다. 만일 깡패의 고정관념이 활성화되었을 때 일치특성(예를 들면: 난폭한, 의리 있는)에 대한 촉진효과뿐 아니라, 반대특성(예를 들면: 온순한, 지적인)에 대한 회상이 무점화조건에 비해 줄어드는 억제효과가 나타난다면, 기억과정에서도 억제가 일어난다는 증거가 될 것이다.

그런데 적절한 기억 절차를 고안하기 위한 예비실험[5]을 시행한 결과, 무점화조건에서 남/여 간 깡

---

5) 예비 연구에서는 92명의 피험자를 대상으로 깡패 범주를 점화시킨 후 각각 7개의 깡패 일치특성, 반대특성, 무관특성을 컴퓨터에서 무작위로 제시하고 회상을 시켰다. 그 결과 무점화 집단인 통제 집단에서 남/여의 성차 변인과 특성의 종류(일치/반대특성) 간 상호작용 효과가 나타났다($F_{(1, 44)} = 3.09$, $p < .048$). 남/여 간 특정 고정관념과 관련된 특성에서 접근성의 차이가 있다는 것은 기존의 연구에서 알려지지 않은 사실이다. 이러한 결과는 실험조건에서 남/여를 구분해야 한다는 것을 시사한다. 그리고 실험 집단에서 남자의 경우 일치특성에서 회상 증가와 여자의 경우 반대특성에서 회상 감소가 있었지만 유의미한 것은 아니었다.
그런데 예비 연구의 회상 절차는 일치/반대특성 간 의미적 연결이라는 문제가 지적되었다. 이들은 각 특성어 집단 내에서 서로 의미적으로 유사한 관계로(예: 난폭한, 거친/얌전한, 온순한 등), 이들은 저장 시 서로 유사한 것끼리 연결이 되어 저장되었을 가능성이 높다. 또한 이 두 종류의 특성어는 서로 의미적으로 대체로 반대이기 때문에(예: 거친―얌전한) 이 사실은 저장과 인출을 위한 책략으로 사용되었을 가능성도 있다. 결국 이러한 가능성은 어느 정도 실험효과에 영향을 주었을 가능성이 있다.

패의 일치특성과 반대특성의 회상에서 상호작용 효과가 관찰되었다(F(1, 44) = 3.09, p<.048). 즉 남자는 일치특성은 잘 회상하였지만 반대특성은 잘 회상하지 못하였고, 반면에 여자는 반대특성은 잘 회상하였지만 일치특성은 잘 회상하지 못하는 경향이 나타났다. 이것은 남자에게 깡패 일치특성은 평상시 접근성 수준이 높은 지속적으로 접근적(chronically accessible)이지만 반대특성은 상대적으로 접근성 수준이 낮고, 반면에 여자의 경우는 이런 경향이 반대임을 시사하는 것이다. 연구 1에서는 이러한 예비연구의 결과에 따라 남/여를 피험자 간 변인으로 설정하였다.

연구 1에서는 Dijksterhuis과 Knippenberg(1996)가 제안한 고정관념 활성화 후 반대특성 억제가설을 회상과제를 통해서 검증해 보고자 하였다. 기존 연구자들은 이 가설을 검증하기 위해 어휘판단 과제(LDT)와 단어 퍼즐(word puzzle) 절차를 사용하였다. 그러나 이러한 하위수준의 절차에서 억제효과가 관찰되었다고 하더라도 사회적 정보처리라는 상위수준의 처리에 주는 시사점은 약하다고 할 수 있다.

본 연구에서는 사회적 정보처리에 보다 직접적 함의를 갖는 회상 절차를 사용하여 깡패 고정관념을 대상으로 반대특성 억제가설을 재검증하였다.

그런데 앞에서도 지적한 바와 같이, 적절한 기억 절차를 고안하기 위한 예비 연구에서 깡패 고정관념에 있어서 남자는 일치특성을, 여자는 반대특성을 잘 회상하는 성차와 특성어 종류 간 상호작용 효과가 나타났다. 이러한 결과는 남자는 깡패 일치특성이 상대적으로 접근성 수준이 높고, 반면에 여자는 깡패 반대특성이 접근성 수준이 높다는 것을 시사하는 것이다. 예비 연구의 이런 결과는 남/여를 구분하여 분석할 필요성을 제기한다. 그리고 앞에서도 지적한 바와 같이 회상과제에서는 과제의 특성상 자극특성어 간 의미적 연결이 쉽게 일어나므로 이것을 방지하기 위해 실험조건을 일치, 반대, 무관특성을 한 피험자에게 같이 제시하지 않고, 일치 - 무관, 반대 - 무관을 피험자 간 변인으로 하였다.

가설

고정관념이 활성화된 점화 집단은 무점화 집단과

비교하였을 때, 일치특성에 대한 회상은 증대되고, 반대특성에 대한 회상은 감소될 것이다. 그리고 무관특성에 대한 회상은 차이가 없을 것이다. 즉 일치특성에서는 촉진효과가, 반대특성에 대해서는 억제효과가 나타날 것이다.

2. 방법 및 절차

피험자

심리학 개론을 수강하는 남/여 대학생 181명(남자: 91명, 여자: 90)이 실험에 참가하여 남/여 각각 무선적으로 4개 조건에 할당되었다. 여기서 4개의 조건이란 무점화-점화의 2조건과(일치/무관)-(반대/무관)의 2조건 간 4가지 조합을 말한다.

자극 재료

실험에서 사용할 깡패 일치특성, 반대특성, 무관특성을 알아내기 위해 40명의 대학생에게 56개의 특성 형용사를 주고 이것을 9점 척도상에 깡패와의 관련 정도를 평가하게 하였다. 응답자는 각 특성 형용사들이 전형적인 깡패의 특성과 일치하는 정도를 '매우 그렇다-9점', '전혀 그렇지 않다-1점'으로 평가하였다. 이러한 절차를 통해 일치특성 7개-난폭한, 거친, 의리 있는, 무례한, 성질 급한, 폭력적, 집단적(평균: 7.72, 표준편차: 1.2), 반대특성 7개-온순한, 다정한, 친절한, 얌전한, 겸손한, 지적인, 차분한(평균: 2.51, 표준편차: 1.4), 무관특성 14개-자발적, 보수적, 솔직한, 유쾌한, 우울한, 예민한, 의존적, 경솔한, 고집 센, 행복한, 당돌한, 야무진, 옹졸한, 개방적(평균: 5.13, 표준편차: 1.8)을 기억 자료로 사용하였다. 여기서 무관특성의 수를 다른 특성보다 많이 제시하는 것은 일치 반대특성 간 의미적 연결을 막기 위한 것이다. 또한 이러한 목적에서 허위항목(filler)으로 과일 이름 10개(감, 자두, 복숭아, 대추, 호두, 앵두, 유자, 사과, 배, 수박)를 추가하였다.

자극제시

조건에 따라 깡패의(일치특성-무관특성-과일), 혹은(반대특성-무관특성-과일)의 단어 목록을 컴퓨터 화면을 통해서 무작위로 1초간 보여주고, 단어 간 제시 간격을 2초(SOA 3초)로 하여 제시하였다.

절차

피험자가 실험실에 도착하면 실험자는 오늘 여러분이 참여하게 될 연구는 두 가지라고 말해 주었다. 실험 첫 단계에서 실험자는 지금 여러 사회 집단에 대한 이미지 조사를 하고 있다고 말해 주면서 오늘 여러분이 응답할 대상은 깡패라고 하였다. 피험자에게 간단히 조사의 목적을 말해주고, 전형적인 깡패의 행동방식, 외모, 생활방식 등을 4분 동안 자유롭게 기술하게 하였다(Macrae, 1994). 이 단계에서 실험 집단은 깡패의 고정관념이 점화된다. 실험 2단계에서는 피험자에게 지금부터 할 연구는 앞으로의 연구를 위한 예비 연구로서 기억에 관한 연구라고 말해 주었다. 절차는 2초 간격으로 특성 형용사가 컴퓨터 화면에 제시되고 여러분의 과제는 이것을 잘 보고 단순히 외우는 것이라고 하였다. 단어제시가 끝나면 종이를 나누어주고 간단한 곱셈을 한 후 외운 특성어를 적도록 하였다. 통제 집단은 실험실에서 4분 동안 조용히 대기시킨 후 실험집단과 동일한 기억과제를 수행하였다.

실험설계:

성차(남/여)×점화(점화/무점화)×특성어 종류(일치/반대/무관특성)의 2×2×3의 요인설계를 사용하였다.

3. 결과 및 논의

본 연구에서는 고정관념이 활성화된 점화 집단은 무점화 집단에 비해, 일치특성의 회상은 증대되고 반대특성의 회상은 감소할 것이라는 가설을 제안하였다. 이러한 가설은 점화 여부와 특성어 종류 간 상호작용 효과에 의해서 검증된다.

실험 결과, 점화와 특성 종류 간 상호작용 효과($F(1, 179) = 10.6$, $p < .001$)는 유의미하게 나타났다(표 1과 그림 3 참조). 이러한 결과는 가설에서 예언한 대로 고정관념 점화 집단은 무점화 집단에 비해 일치특성에서는 회상의 증진을 보였지만, 반대특성에서는 회상의 감소가 나타났음을 보여준다. 이것은 고정관념의 활성화는 일치특성에 대해서는 촉진효과를, 반대특성에 대해서는 억제효과를 미침을 의미한다고 하겠다.

그리고 일치특성에서 고정관념 점화에 의한 회상 증진은 유의미하게 나타났다($t(89) = -2.09$, $p < .039$). 또한 반대특성에서는 유의미한 회상 감소가 나타났다($t(89) = 2.34$, $p < .021$). 그러나 무관특성에서는 차

이가 나타나는 것이 없었다.

그리고 일치나 반대특성과 무관특성 간 회상량에서 차이가 나타나는 것은 각각의 특성의 사용 개수에서 차이가 있기 때문에 나타난 것으로 볼 수 있다. 기억 재료로서 일치특성(혹은 반대특성)은 7개를 사용한 반면, 무관특성은 14개를 사용하였기 때문에 무관특성의 회상량이 많아진 것으로 볼 수 있을 것이다[6].

표 5. 고정관념 점화에 따른 특성어 평균 회상량 (회상단어 개수)

	일 치	무 관	반 대	무 관
무점화	2.83a(.97)	5.02e(1.31)	3.0ab(1.24)	5.22e(1.47)
점 화	3.22b(.83)	4.93e(1.51)	2.37d(1.32)	5.54e(1.32)

주: 상이한 알파벳은 유의미한 평균 차이를 의미($p < .05$)
　　(　)는 표준 편차

---

6) 적절한 실험 절차를 고안하기 위한 예비 연구에서 일치특성과 무관특성을 동수로 하여 제시하였을 때, 유의미하게 (p<.01) 일치특성이 더 잘 회상되었다. 이것은 일치특성이 서로 의미적으로 유사하기 때문에 기억에 유리하기 때문이다. 이러한 효과를 약화시키기 위해 본 실험에서는 상대적으로 관련성이 적은 무관특성의 수를 늘려서, 기억 자료로 제시되는 일치특성어들의 관련성을 약하게 하고자 하였다.

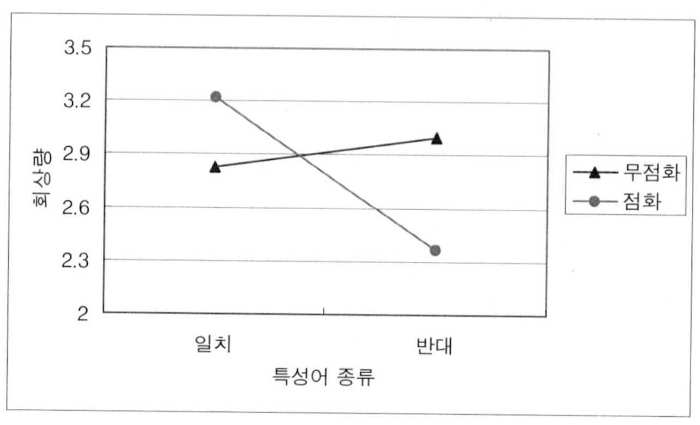

그림 3. 점화/무점화와 특성어 종류 간 상호작용

그리고 상기의 결과를 남녀를 구분하여 다시 분석한 결과를 표 2로 제시하였다. 예비 연구에서 성차와 특성어 종류 간 회상량에 있어서 상호작용 효과가 있었다. 즉 남자는 깡패 일치특성을 잘 회상하는 반면에 여자는 반대특성을 잘 회상하였다. 남녀를 구분하여 연구 1의 자료를 재분석해 본 결과, 성차와 특성어의 종류 간 상호작용 효과는 예비 연구에서와 같이 반복해서 나타났다($F(1, 179) = 18$, $p < .000$). 즉 남자는 깡패 일치특성을 잘 회상하고 반면에, 여자는 반대특성을 잘 회상하는 경향이 반복해서 관찰되었다. 이것은 남/여 간 깡패의 일치특성과 반대특성의

지속적 접근성(chronical accessibility)에 있어서 차이가 있음을 시사하는 것으로 보인다. 남자는 깡패 일치특성의 평상시 활성화 수준이 높고, 반면에 여자는 반대특성의 평상시 활성화 수준이 높기 때문에 동일한 자극에 노출되었음에도 남녀간 회상의 차이가 생기는 것으로 볼 수 있다.

남/여 간 이러한 차이가 생기는 것은 깡패의 일치특성(예: 거칠다, 의리 있다, 집단적 등)은 대체로 극단적인 남성성의 특징이고, 따라서 남자들의 사용빈도가 더 클 가능성이 있다. 반면에 여자들은 깡패의 반대특성(예: 온순한, 얌전한, 다정한 등)의 접근성 수준이 높다면, 이것은 이러한 특성들이 여성성을 의미하는 것이고 따라서 여자들의 사용빈도가 상대적으로 더 높기 때문으로 볼 수 있을 것 같다.

그리고 남자의 경우 일치특성에서 고정관념 점화에 의한 회상 증진은 $\alpha=.05$ 수준에서 유의하지는 못하였지만($t(45)=1.95$, $p=.058$), 충분한 경향성이 관찰되었다. 이것은 유의미한 수준은 아니지만, 일치특성에 대한 촉진효과의 경향성을 의미하는 것이다. 그러나 반대특성어에서는 약간의 회상 감소

(2.2-2.5=-0.3)가 있었지만, 유의미한 차이는 아니었다(t(42)=.658, p=.51). 즉, 반대특성에는 기대했던 억제효과가 나타나지 않았다.

한편, 여자의 경우 무점화/점화 집단 간 반대특성어에서 유의미한 회상 감소가 관찰되었다(t(45)=3.01, p<.004). 이것은 유의미한 억제효과가 나타났음을 보여주는 것이다. 그러나 일치특성에서 약간의 회상 증진이 있었지만(2.77-2.54=0.23), 유의미한 차이는 아니었다(t(42)=1.25, p=.22). 이런 결과는 여자의 경우 일치특성에서 촉진효과가 나타나지 않았음을 보여주는 것이다. 그리고 무관특성은 모든 조건에서 차이가 나타나는 것은 없었다.

표 6. 남/여를 구분한 고정관념 점화에 따른 특성어 평균 회상량

	남				여			
	일치	무관	반대	무관	일치	무관	반대	무관
무점화	3.12(.97)	4.7	2.5(1.3)	4.86	2.54(.59)	5.37	3.48(.99)	5.56
점 화	3.63(.88)	4.17	2.2(1.1)	5.14	2.77(.61)	5.73	2.5(1.2)	5.92

( )는 표준편차

연구 1에서 나타난 결과를 요약하면, Dijksterhuis 등(1996)이 제안한 고정관념 활성화 후 반대특성 억제가설은 본 연구에서 새롭게 시도한 회상 절차에서도 지지되었다. 즉 깡패 고정관념을 점화하였을 때 무점화 집단에 비해 일치특성의 회상은 증대되었지만 반대특성에 대한 회상은 감소하는 유의미한 상호작용 효과가 나타났다. 그리고 무관특성은 차이가 없었다. 이러한 결과는 고정관념의 활성화는 관련된 특성의 회상에도 촉진이나 억제효과를 미침을 의미하는 것이다.

그리고 남/여를 구분하여 분석한 자료에서는 남자의 경우 일치특성에서 촉진효과($p=.058$)가 $\alpha=.05$에서 유의미하지 않았지만, 촉진의 경향성은 있었다. 그리고 반대특성에서 억제효과는 나타나지 않았고, 여자의 경우는 일치특성에서 촉진효과는 없었고, 반대특성에서는 유의미한 억제효과가 나타났다.

이런 결과는 본 연구에서 예상치 못한 새로운 결과인데, 이것은 남녀간 깡패 관련 특성어에서 지속적 접근성에서의 차이 때문으로 보인다. 즉 남자는 반대특성의 접근성 수준이 낮기 때문에 고정관념이 점화되었을 때 일치특성에서 활성화가 전파되더라도 활성화 수준이 크게 높아지지 않기 때문에, 일치특성에 대한 간섭적 영향이 약하고 결국 억제효과도 약하게 일어나는 것으로 보인다. 반면에 여자의 경우 충분한 억제효과가 나타난 것은 반대특성의 접근성 수준이 높기 때문에 깡패 고정관념의 활성화에 따른 반대특성 활성화가 어느 정도 일어나기 때문에 표상의 응집성을 위한 억제가 그만큼 크게 일어나는 것으로 볼 수 있다.

고정관념과 관련된 특성의 접근성 수준과 촉진/억제 효과의 상호작용은 기존의 고정관념 활성화 후 반대특성 억제가설의 일반성을 제한하는 의미를 갖는다. 즉 어떤 고정관념이 활성화되었을 때 항상 일치특성은 촉진되고 반대특성은 억제되는 것이 아니라, 특성의 접근성 정도에 따라 효과가 달라진다는 것이다. 어떤 고정관념과 관련된 일치, 반대특성의 접근성 수준이 낮다면 고정관념이 활성화되었더라도 촉진이나 억제가 일어나지 않는 것으로 보인다.

이것과 관련된 연구를 한 Bargh 등(1986)의 연구에서는 접근성 수준이 낮은 범주에 대해서 촉진효과가 나타나는가를 알아보았다. 이 실험에서는 '친절한' 차원에서 지속적으로 접근적(chronic)인 사람과 지속적으로 비접근적(non-chronic)인 사람을 구분한 다음, 비접근적인 사람(non-chronic)을 대상으로 '친절한' 관련 특성들을 역치하 점화를 하였다. 그 다음 대상에 대한 인상평가 과제를 실시하였다. 11점 척도를 사용하여 '친절한' 차원에서 대상을 평가하게 한 결과 점화 집단과 비점화 집단의 평가값은 각각 6.9, 6.7이었다. 그리고 접근적인 사람(chronic)의 경우는 각각 7.8과 7.2였다. 비접근적인 사람(non-chronic)의 경우 11점 척도에서 촉진효과의 평균 크기는 0.2 정도인데 이러한 정도의 크기는 상당히 미미한 것이라 할 수 있다. 반면 chronic의 경우는 효과의 크기가 0.6 정도이다. 이런 결과에서 보듯이 친절한 차원에서 비접근적인 사람은 친절한 범주가 점화되더라도 효과의 크기가 접근적인 사람의 경우보다 적음을 알 수 있다. 그렇지만 점화효과와 chronicity 효과 간 상호작용 효과를 검토한 결과, 유의미하지 않았다(F(1, 211)=1.32, p=.25). 여기서 상호작용 효과가 없다는 것은 비접근적인 사람(non-chronic)에서도 점화효과가 나타난다는 것을 의미하는 것이다. 그러나 비접근적인 사람의 경우 점화효과는 접근적인 사람에 비해 상대적으로 미미한 것으로 보인다.

이러한 연구결과를 따른다면 본 연구의 결과도 접근성 수준이 낮은 특성에 대해서 촉진이나 억제효과가 없는 것은 아니고 단지 그 효과의 크기가 작다고 볼 수도 있을 것이다. 이런 결과를 종합해 볼 때, 깡패 고정관념이 점화되었을 때 남자의 경우 반대특성, 여자의 경우 일치특성도 각각 억제나 촉진효과를 받기는 하지만 단지 효과의 크기가 적은 것으로 해석할 수도 있을 것이다.

제4부 고정관념 반대, 일치특성 역치하 점화 후 억제-촉진효과

1. 연구 배경

Dijksterhuis 등은 고정관념이 활성화되었을 때 반대되는 특성이 억제되는 이유를 고정관념의 범주와 반대특성 간 부적인 연합(negative association)을 형성하고 있기 때문으로 설명하고 있다(Loftus & Collins, 1977). 기존에 많은 실험을 통해서 반복해서 검증된 효과인 촉진효과는 연합망 모형에 근거하여 범주와 특성 간 정적인 연합(positive association)을 가정하고 이것을 통해 설명되어 왔다(Srull & Wyer, 1989; Stangor & Lange, 1994). 즉 촉진효과가 일어나는 것은 어떤 범주가 활성화되면 정적 연합을 이루고 있는 하위특성으로 활성화 확산이 전파되어 추가적인 처리 이익(gains)이 생기기 때문으로 설명된다.

Dijksterhuis 등(1996)은 이것과 비슷하게 고정관념 범주와 반대특성 간 억제적 성질을 갖는 활성화를 전파하는 부적인 연합을 가정한다. 이러한 부적인 연합 관계에서는 상위 범주가 활성화되면 연결된 하위특성에 흥분적인 활성화가 전파되는 것이 아니라, 억제적 성질의 활성화가 전파된다는 것이다. 따라서 상위 범주가 활성화되면 상위 범주와 부적 연합을 맺고 있는 특성에 대한 접근은 억제적 활성화의 전파를 통해서 자동적으로 억제되는 것으로 가정하였다.

그러나 촉진효과와는 달리 억제적 효과를 이렇게 설명하는 것은 아직까지 일반적이지 못한 것으로 보인다. 일반적으로 억제가 일어나는 이유로 제시되는 것은 처리 용량의 보존이나 표상의 응집성(coherence)을 높이기 위해, 목표자극 이외의 간섭자극이나 분산자극(distractor)을 억제하는 것으로 설명한다(Anderson & Spellman, 1995; Dempster, 1991; Dagenbach & Carr, 1994a; Dempster & Branerd, 1994).

이러한 설명방식을 따르면 Dijksterhuis 등의 실험

결과는 아직 불명료한 부적 연합이라는 새로운 개
념을 도입할 필요가 없이 다른 방식으로 설명될 수
있다. 즉 고정관념이 활성화되었을 때 이것과 반대
되는 특성들이 억제되는 현상은 일치특성과 반대특
성 간 밀접한 관련7)으로 인해 고정관념이 점화되었
을 때 일치특성이 활성화되면, 억제 특성도 어느 정
도 활성화되고 이것은 의미적으로 불일치하는 두
가지 요소의 동시적 활성화를 초래하게 된다. 이러
한 상태는 고정관념 표상의 응집성을 약화시키고
따라서 표상의 응집성을 높이기 위한 억제가 발생
하는 것으로 볼 수 있다. 앞에서도 지적한 바와 같
이 Rosch(1975)는 의미기억에서 어떤 범주(예: 가
구)가 활성화되어 전형적 사례(예: 책상)와 비전형
적 사례(예: 발판)가 동시에 활성화됐을 때, 보다
강하게 활성화되는 전형적 사례는 외측 억제를 통
해서 약한 활성화 상태에 있는 비전형적 사례에 대
한 접근을 억제한다는 것을 보여주었다.

---

7) 대체로 이들은 서로 의미적으로 반대에 해당한다. 예를 들
   면 깡패 고정관념의 경우 난폭한-온순한, 거친-얌전한 등
   이다. 일치특성과 반대특성은 의미적으로 반대이지만, 반대
   라는 것 자체가 이들 간의 밀접한 정적인 관련을 의미한다.

고정관념 범주와 하위속성 간에도 이러한 과정과 유사하게 억제기제가 작용하는 것으로 보인다. 즉 고정관념의 점화는 두 가지 다른 활성화 수준을 갖는 일치특성과 반대특성을 동시에 활성화시키고, 이것은 이질적인 두 요소의 경쟁을 통해 표상의 응집성을 약화시키므로 보다 강하게 활성화된 일치특성이 반대특성을 억제하는 것으로 볼 수 있다.

연구1 에서는 이러한 가능성을 탐색해 보기 위해 비접근적 특성(남자의 경우 깡패 반대특성)을 역치하 수준에서 점화하여 접근성을 높였을 때 억제가 일어나는가를 알아보았다.

연구1의 실험 논리는 다음과 같다. 3부의 실험인 고정관념 활성화에 따른 회상의 촉진과 억제효과에서는 깡패 반대특성에서 접근성 수준이 낮은 남자에서는 억제효과가 관찰되지 않았다. 그런데 만일 반대특성을 사전에 점화하여 이들의 접근성 수준을 일시적으로 높인 다음 고정관념을 점화하였을 때, 억제효과가 나타난다면 이것은 단순히 고정관념과 반대특성 간 억제적 연결을 통해서는 설명하기 어려운 결과라 할 것이다. 왜냐하면 이것은 억제효과가 더 약화될 것으로 예측하기 때문이다. 즉 고정관념의 활성화에 의한 반대특성에 미치는 억제적 효과는 이들을 사전에 점화를 함으로써 야기된 흥분적 활성화에 의해 상쇄가 될 것이기 때문이다. 반면에 잠재적 간섭을 약화시킴으로써 표상의 응집성을 높이기 위해서 억제가 일어난다고 보는 외측 억제적 설명은 억제효과를 예측한다. 즉 사전에 역치하 점화를 통해서 사전에 반대특성의 접근성 수준을 높였기 때문에 그렇지 않았더라면 고정관념이 활성화되었을 때 약하게 활성화될 반대특성은 더 강하게 흥분적 활성화 상태에 있게 된다. 이것은 결국 일치특성에 대해 더 강한 간섭효과를 야기할 것이고 따라서 더 강한 억제가 예측되는 되는 것이다.

　실험 절차는 먼저 지각적 탐색과제(vigilance task)를 통해서 역치하 수준에서 남자 피험자를 대상으로 깡패 반대특성을 점화시킨다. 그 다음 기술(description) 과제를 통해서 깡패 고정관념을 활성화시킨 후, 반대특성어를 제시하고 이것에 대해 회상 검사를 하는 것이다. 이러한 절차를 통해서 반대특성의 접근성 수준을 높였을 때 억제효과가 나타난다면 이것은 응집성 있는 표상을 형성하기 위해서 억제가 일어난다는 가설을 지지하는 결과로 해석할 수 있을 것이다.

그리고 **연구** 2에서는 여자 피험자를 대상으로 깡패 일치특성을 역치하 수준에서 점화했을 때 촉진효과가 나타나는가를 알아보았다. 3부의 결과에서는 여자의 경우 깡패 일치특성에서 촉진효과가 나타나지 않았다. 이것은 여자의 경우 깡패 일치특성이 평상시 활성화 수준이 낮은 비접근적 특성임을 시사해 주는 것으로 볼 수 있다. 만일 일치특성을 사전에 역치하 수준에서 점화를 한 상태에서 고정관념을 점화하였을 때 촉진효과가 나타난다면 이것은 사전 점화에 의한 활성화와 고정관념에 의한 활성화가 가산적(additive)으로 작용하여 유의미한 촉진효과를 나타내는 것으로 볼 수 있다.

2. 연구 1: 고정관념 반대특성의 역치하 점화 후 억제효과

1. 연구 문제

본 연구에서는 고정관념이 점화되었을 때 반대특성이 억제되는 이유를 알아보고자 하였다. Dijksterhuis 등(1996)은 자신들의 연구 결과를 수직적(vertical) 억제라고 명명하면서, 고정관념과 반대특성 간 억제적 활성화를 본질로 하는 부적 연합을 통해 설명하였다.

그러나 본 연구에서는 외측 억제(수평적 억제)로 이러한 현상을 설명할 수 있다는 가정하에, 외측 억제로는 설명할 수 있지만 부적 연합으로는 설명할 수 없는 새로운 실험 절차를 고안하여 어느 쪽 설명이 타당한지 알아보았다. 즉 3부 연구에서 남자 피험자들에서는 고정관념이 활성화되어도 깡패 반대특성의 회상이 유의미하게 줄어드는 억제효과가 관찰되지 않았다. 이것은 이러한 특성이 접근성 수준이 낮아, 일치특성에 간섭적 영향이 적기 때문으로 보았다. 그렇다면 만일 고정관념이 활성화되기 전에 이러한 특성의 접근성 수준이 높아진다면 억제효과가 나타나야 할 것이다. 왜냐하면 보다 향상된 반대특성의 활성화 수준으로 인해 일치특성에 대한 간섭적 영향이 증대하기 때문이다. 그러나 부적 연합을 가정하는 설명은 이러한 예언과는 반대되는 결과를 예측한다. 즉 고정관념이 활성화되기 전에 반대특성이 점화되어 접근성 수준이 증대되면 이것의 흥분적 활성화가 고정관념 점화에 의한 억제적 영향을 상쇄함으로 억제효과가 없을 것을 예측하기 때문이다.

연구1에서는 이러한 가능성을 검토해보기 위해 고정관념을 활성화시키기 전에 반대특성의 접근성 수준을 역치하 점화를 통해서 일시적으로 높였을 때, 억제효과가 나타나는가를 알아보았다. 만일 가설과 일치하는 결과가 나타난다면 이것은 부적 연합을 가정한 모형으로는 설명하기 어렵지만, 외측 억제기제로는 잘 설명될 수 있는 결과라 할 것이다.

가설

접근성 수준이 낮은 고정관념의 반대특성이 사전 점

화된 상태에서 고정관념이 활성화되었을 때, 반대특성
에 대한 회상은 무점화 집단에 비해 감소할 것이다.
즉 반대특성에 대한 억제효과가 나타날 것이다.

2. 방법 및 절차

피험자

심리학 개론을 수강하는 정상적인 시력을 가진 남
자 대학생 45명이 실험에 참여하였다.

반대특성 역치하 점화 절차

깡패 반대특성 6개(온순한, 얌전한, 다정한, 친절
한, 겸손한, 차분한)와 중립적 단어(하지만, 어떻게)
2개를 무선적으로 역치하 수준으로 제시하였다. 깡
패 반대특성을 역치하 수준으로 제시하기 위해
Bargh와 Pietromonaco(1982)가 사용한 방법대로,
지각적 경계과제(vigilance task)를 실시하였다. 피
험자는 컴퓨터 화면 중앙에 있는 고정점(fixation
point)을 응시한 상태에서, 이것에서 약 3.5cm 떨어
져 사분면에 제시되는 단어의 위치를 판단하는 과

제를 수행하였다. 고정점으로부터 약간 떨어진 곳에 자극을 제시하는 것은 망막의 중심과 영역에 자극이 맺히지 못하게 하기 위한 것이다. 이 경우 피험자는 자극을 인식하기 어렵다. 피험자는 빠르게 제시되는 자극의 위치를 판단하여 해당하는 왼쪽, 오른쪽 키를 누르게 하였다. 자극제시 시간은 100ms으로 하였고, 제시 후 바로 ****으로 차폐(masking)하였다. 자극 간 간격은 2-5초 사이에서 무선적으로 하였고, 사분면상에서 자극발생 위치는 불규칙하게 하여 예측을 어렵게 하였다. 그리고 피험자와 컴퓨터 화면과의 거리는 대략 56cm가 되도록 피험자가 응답하기 전 의자의 위치를 조정하였다. 자극제시 횟수는 총 80회로 하였다.

피험자들은 평가조건과 추측조건으로 나뉘었다. 평가조건의 피험자는 80회의 응답을 한 후 다음 실험과제를 수행하였다. 반면 추측조건의 피험자 10명은 역치하 자극에는 노출되지만 탐색과제는 하지 않고, 제시되는 자극이 단어임을 알려주고 이것을 맞추어 보라고 하였다. 이것은 자극이 역치하 수준으로 제시되었는가를 알아보기 위한 조작 확인 절차이다.

기억자극 재료 및 제시방법

본 실험에서는 3부 실험 1에서 사용한 반대특성 7개 - 온순한, 다정한, 친절한, 얌전한, 겸손한, 지적인, 차분한(평균: 2.51, 표준편차: 1.4), 무관특성 10개 - 자발적, 솔직한, 우울한, 예민한, 의존적, 경솔한, 당돌한, 야무진, 옹졸한, 개방적(평균: 5.11, 표준편차: 1.72)을 기억 자료로 사용하였다. 그리고 허위 항목(filler)으로 과일 이름 10개(감, 자두, 복숭아, 대추, 호두, 앵두, 유자, 사과, 배, 수박)를 추가하였다. 자극제시 방법은 실험 1과 동일하게 컴퓨터 화면을 통해서 단어를 1초간 보여주고, 단어 간 제시 간격은 2초(SOA 3초)로 하여 무작위로 제시하였다.

절차:

피험자가 실험실에 도착하면 피험자들에게 우선 깡패 반대특성들을 역치하 수준에서 제시하는 지각적 경계과제를 실시하였다. 피험자에게는 이 과제를 빠르게 제시되는 자극의 위치를 판단하는 과제라고 하였다. 피험자에게 고정점을 응시한 상태에서 고정점을 중심으로 사분면에서 제시되는 자극을 위 - 아래는 무시하고 왼쪽, 오른쪽 위치를 파악하도록 하였다.

위치 탐색과제가 끝나면 실험조건의 피험자들은 4분간 실험 1의 절차와 같은 깡패 고정관념을 점화하는 과제를 수행하였다. 그리고 고정관념 점화 절차가 끝나면 피험자에게 깡패 반대특성, 무관특성, 과일 이름 등의 기억 자료를 컴퓨터 화면에 무선적으로 제시한 후 외우게 하는 기억과제를 실시하였다. 단어제시가 끝나면 피험자들은 간단한 곱셈을 한 뒤 외운 단어를 회상하였다. 통제조건의 피험자들은 역치하 자극제시 과제를 한 후 깡패 기술과제를 하지 않고 4분간 조용히 대기한 다음 기억과제를 수행하였다.

실험설계

점화(점화/무점화)×특성어 종류(반대/무관)의 2×2 요인설계를 사용하였다.

3. 결과 및 논의

역치하 점화 조작 확인: 각 피험자에게 깡패 반대특성어 6개와 중립적 단어 2개를 각각 10번씩 총 80회를 제시하였다. 10명의 피험자에게 제시되는 자극이 단어임을 알려주고 자극이 제시된 후 바로 단어를 추측하게 한 결과, 피험자들은 단어의 추측에 상당한 어려움을 겪었다. 총 800번의 시행에서 정확한 답변은 11회였고 정확률은 1.37%였다. 이런 결과는 단어가 충분히 역치하 수준에서 제시되었음을 시사하는 것이라 하겠다.

본 실험에서는 사전에 반대특성을 점화한 후 고정관념을 점화하였을 때 반대특성어의 회상 감소를 예측하였다. 실험 결과, 표7에서와 같이 점화 집단에서 무점화 집단과 비교했을 때, 유의미한 회상 감소(3.23-2.65=.58)가 있었다(t(44)=-2.07, p<.044)). 이러한 결과는 고정관념이 활성화되었을 때, 반대특성의 활성화 수준이 높을수록 억제효과가 크게 나타난다는 것을 의미한다. Dijksterhuis 등(1996)이 억제현상을 설명하기 위해 제안한 부적 연합 모형은 이러한 결과를 설명할 수 없다. 이 모형에서는 고정관념의 반대특성의 활성화 수준이 높을수록 약한 억제효과가 나타날 것으로 예측하기 때문이다. 따라서 본 연구의 결과는 억제현상에 대한 외측 억제에 의한 설명을 지지하는 결과라 할 것이다.

그리고 점화와 특성어 종류 간 상호작용 효과가 관찰되었다(F(1, 43)=9.16, p<.003). 이것은 표면적으로 보았을 때 반대특성어는 통제 집단에서 회상

을 잘 하고, 무관특성어는 점화 집단에서 회상을 잘
한 결과를 보여준다. 그러나 이러한 결과는 고정관
념의 점화가 무관특성어에 어떤 영향을 주었기 때
문으로 볼 수는 없다. 본 연구의 실험 절차는 단기
기억에 의존하는 회상과제로서 피험자들은 대체로
고정된 단기기억 용량만큼을 기억하는 경향을 보이
기 때문에, 점화 집단에서 반대특성에 대한 회상이
줄어들면 대체로 그것에 상응하는 무관단어의 회상
이 증가하는 것으로 볼 수 있다. 따라서 이러한 상
호작용 효과는 점화 집단에서 반대특성에 대한 회
상이 줄어듦에 따라 부수적으로 나타난 결과로 보
아야 할 것이다. 그리고 과일 회상량에서는 무점화/
점화 조건 간 차이가 없었다(t(44) = -1.7, p = .10)

표 7. 반대특성 역치하 점화 후 고정관념 점화에 따
　　　른 특성어 평균 회상량

	반대특성	무관특성	과 일
무점화	3.23a(.87)	3.14ab(1.04)	6.36c(1.18)
점 화	2.65b(.98)	3.61a(1.27)	5.74c(1.29)

주: 상이한 알파벳은 유의미한 평균 차이를 의미(p<.05)
　　　(　)는 표준 편차

이러한 실험 결과는 본 연구에서 제안한 가설을 지지하는 결과이다. 3부 실험의 결과에서는 남자의 경우 반대특성이 억제되지 않은 결과를 보여주었다. 그러나 본 실험에서는 깡패 고정관념을 활성화시키기 전에 반대특성을 역치하 수준에서 점화시킴으로써 이들 특성의 접근성을 높여 주었을 때는 억제효과가 나타난 것이다. 이러한 결과에서 추론해 볼 때, 고정관념 활성화 후 반대특성이 억제되는 것은 고정관념 범주와 반대특성 간에 부적 연합에 의한 것이라기보다, 이질적인 두 특성이 동시에 활성화됨으로써 표상 내 간섭이 야기되고, 이것을 약화시키기 위해 억제효과가 나타난다는 설명이 타당성을 갖는 것으로 보인다.

사실 이러한 결과는 상식과는 상반되는 결과라 할 것이다. 즉 반대특성을 역치하 수준에서 점화시킴으로써 접근성을 높였음에도 회상량은 더 줄어들었기 때문이다. 억제기제를 가정하지 않는 상식적인 예측은 사전에 특정 개념의 활성화 수준을 증대시킨 상태에서 이것에 활성화를 약화시키는 억제효과가 작용한다면, 사전에 활성화 수준을 높이지 않은 경우

에 비해 더 약한 억제효과가 있을 것으로 보는 것
이다. 왜냐하면 증진된 활성화 수준이 억제적 영향
을 상쇄시키기 때문이다. 이럼에도 불구하고 더 강
한 억제효과가 나타난다면 이것은 능동적 억제기제
의 작용을 가정할 수밖에 없고, 또한 억제기제는 부
적 연합에 의한 것이 아니라 외측 억제의 작용 때
문임을 강력하게 시사하는 결과라 할 것이다.

3. 연구 2. 고정관념 일치특성의 역치하
점화 후 촉진효과

1. 연구 문제

3부 실험 1에서 여자 피험자들은 깡패 일치특성에
서 촉진효과가 나타나지 않았다. 본 실험에서는 여
자 피험자를 대상으로 깡패 일치특성을 사전에 역
치하 수준에서 점화한 뒤, 깡패 고정관념을 점화하
였을 때 일치특성에 대한 촉진효과가 나타나는가를
알아보았다.

가설

고정관념의 일치특성이 사전 점화된 상태에서 고
정관념이 활성화되었을 때, 무점화조건에 비해서 일
치특성어의 회상이 증대될 것이다. 즉 일치특성에
대한 촉진효과가 나타날 것이다.

2. 방법 및 절차

피험자

심리학 개론을 수강하는 정상적인 시력을 갖고 있
는 여학생 41명이 실험에 참여하였다.

역치하 자극제시

자극단어를 깡패 일치특성(난폭한, 거친, 폭력적,
의리 있는, 무례한, 집단적)을 사용한 것 이외에는
연구 1의 절차와 동일하였다.

절차

절차는 역치하 자극과 회상 자극을 깡패 일치특성으로 한
점을 제외하고는 연구1의 절차와 동일하였다.

기억 자극 및 제시

깡패 일치특성을 사용한 점을 제외하고는 연구1의 실험 절차와 동일하였다.

실험설계

점화(점화/무점화)×특성어 종류(일치/무관)의 요인설계에서 특성어 회상량을 반복 측정한 2×2의 요인설계를 사용하였다.

3. 결과 및 논의

본 실험 에서는 여자 피험자를 대상으로 사전에 깡패 일치특성을 역치하 수준에서 점화한 후 고정관념을 활성화 시켰을 때 일치특성에서 회상의 증가(촉진효과)를 예측하였다. 3부 실험 1에서는 여자 피험자에서 고정관념 활성화에 따른 촉진효과가 나타나지 않았다. 이것은 여자의 경우 깡패 일치특성에서 평상시 활성화 수준이 낮은 비접근적(non-chronic)이기 때문에, 고정관념 점화에 따른 촉진적 영향을 약하게 받기 때문으로 설명하였다.

실험 결과, 표8에서와 같이 깡패 일치특성에서 점화조건에서 α=.05 수준에서 유의하지 않았지만, 회상이 증가되는 촉진효과(3.6-3.06=.54)의 경향성이 나타났다(t(39)=1.75, p=.088). 그리고 무관특성이나 허위항목(fillers)으로 사용한 과일의 회상에서는 점화/무점화 조건 간 차이가 없었다.

표 8. 일치특성 역치하 점화 후 고정관념 점화에 따른 특성어 평균 회상량

	일치특성	무관특성	과 일
무점화	3.06a(1.07)	5.33b(1.8)	7.52c(1.25)
점 화	3.6a(.94)	5.41b(1.47)	7.3c(1.22)

주: 상이한 알파벳은 유의미한 평균 차이를 의미(p<.05)
   ( )는 표준 편차

이것은 사전 점화를 통해서 일시적으로 일치특성의 접근성 수준이 높아진 결과, 유의미하지는 않았지만 고정관념의 활성화를 통한 촉진효과의 경향성이 나타난 것으로 보인다. 즉 역치하 점화와 고정관념 점화를 통한 두 가지 촉진적 효과가 가산적(additive)으로 영향을 줄 때, 접근성 수준이 낮은

특성에 대해서도 촉진효과의 경향성이 나타나는 것
으로 볼 수 있을 것이다. 그리고 점화와 특성어 종
류 간 상호작용 효과는 나타나지 않았다(F(1, 39)
=.718, p=.39).

제5부 촉진/억제를 통해서
작용하는 고정관념

범주(consructs)나 고정관념이 활성화되면 이것은 이후의 정보처리를 이것과 일치하는 방향으로 촉진한다는 결과는 많은 연구에서 반복해서 입증되어 왔다. 그러나 최근 범주의 활성화는 촉진효과뿐 아니라, 반대되거나 경쟁하는 다른 범주를 적극적으로 배제하는 억제효과도 일으킨다는 가설이 제안되었다.

본 연구에서는 제 4부의 연구 1, 2를 통해서 고정관념이 활성화되었을 때 기억과정에서 반대특성에 대한 억제효과가 나타나는가를 알아보았고, 억제가 일어나는 이유에 대해 기존의 연구자들과는 다른 대안적 설명을 시도하였다.

연구 1에서는 Dijksterhuis 등(1996)이 제안한 고정관념 활성화 후 반대특성 억제가설을 새로운 기억 절차를 통해서 재검토 해보았다. 여기서는 깡패 고정관념을 대상으로 고정관념이 점화된 집단은 무점화 집단에 비해 고정관념과 일치하는 특성은 더 잘 기억하고, 반대되는 특성은 잘 기억하지 못하는 경향이 있는가를 알아보았다.

실험 결과, 예상된 특성어 종류와 점화/무점화 간 상호작용 효과가 관찰되었다. 이것은 고정관념이 점화된 집단에서 일치특성은 더 잘 회상하고 반면에 반대특성은 회상을 잘 못하는 결과를 보여주는 것이다. 그리고 무관특성에서는 점화/무점화 조건 간 차이가 없었다. 이러한 결과는 고정관념의 점화는 일치특성에 대해서는 촉진효과를, 반대특성에 대해서는 억제효과를 미침을 의미하는 것이다.

그런데 이러한 결과를 억제기제를 가정하지 않고 활성화 확산만을 가정하는 연합망 모형으로도 설명할 수 있지 않는가 하는 의문이 들 수 있다. 즉 이런 모형에 따른 설명은 활성화 총량은 고정되어 있다고 했을 때, 한 개념에 활성화 확산이 집중되면 상대적으로 다른 개념에는 활성화가 적게 전파되고 따라서 두 특성에 대한 회상에 차이가 생기는 것으로 설명할 수도 있기 때문이다. 다시 말하면, 일치특성은 반대특성보다 고정관념과 더 강하게 연결되어 있으므로 고정관념이 점화되었을 때 활성화 전파는 일치특성 쪽으로 몰리고 반대특성에는 활성화 전파가 되지 않음으로 처리의 이익이 일치특성에만 작용하여 일치특성과 반대특성 간 차이가 생기는 것으로 설명하는 것이다. 만일 이러한 설명이 성립한다면 억제의 개념은 불필요할 것이다.

그러나 이러한 설명 가능성은 본 실험의 결과 에는 적용될 수 없다. 본 실험에는 이러한 설명 가능성을 막기 위해 반대특성과 무관특성만을 같이 제시하고 점화와 무점화 집단을 비교했기 때문이다. 만일 억제기제를 가정하지 않고 활성화 촉진만으로 설명하는 모형에 따른다면 일치/무관 특성에서 촉진효과는 예측하지만, 반대/무관 특성에서 반대특성의 회상이 줄어드는 경향은 예측할 수가 없을 것이다. 즉 이 조건에서는 일치특성이 없으므로 이것에 활성화가 집중되는 일은 없기 때문에 점화/무점화 조건 간 차이를 예측하지 않는다. 그런데 결과는 이 조건에서 점화 집단은 반대특성에서 회상 감소가 나타났다. 이것은 능동적 억제를 가정하지 않고서는 설명하기 어려운 결과라 할 것이다.

　　그리고 연구 1에서는 두 가지 예상치 못한 결과가 나타났다. 첫째는 성차와 특성어 종류 간 상호작용 효과이다. 이것은 남자는 깡패 일치특성을 잘 회상하였고 반면에, 여자는 반대특성을 잘 회상한다는 것을 의미하는 것이다. 이런 결과는 지금까지 보고되지 않은 결과이다. 왜 이런 차이가 나타난 것일까? 본 연구에서는 남녀간 특성어 종류에 따른 회상량의 차이를 지속적 접근성의 차이 때문에 나타난 것으로 가정하였다. 남자는 깡패 일치특성이 평상시 활성화 수준이 높은 지속적으로 접근적인 특성이지만 반대특성은 상대적으로 접근성 수준이 낮고 반면에 여자는 반대특성이 지속적으로 접근적이지만 일치특성은 접근성 수준이 낮다고 보았다. 이러한 이유 때문에 남녀간 회상에 있어서 차이가 발생하는 것으로 보인다. 그렇다면 남녀간 깡패 일치, 반대특성 간 접근성 수준의 차이는 왜 있는 것일까? 여기에는 아마도 문화적 차이가 개입되는 것으로 보인다. 깡패 일치특성(예를 들면: 거친, 의리 있는, 집단적 등)은 약간 극단적인 남성성을 의미하고 반면에 반대특성(예를 들면: 얌전한, 온순한, 다정한 등)은 여성성을 나타내는 특성어로 볼 수 있다. 그런데 우리 사회는 대체로 이성 간보다는 동성 간 교류가 더 많기 때문에 남자는 남성성에 해당하는 특성어를 더 많이 사용하고 여자는 여성성을 나타내는 특성어를 더 많이 사용할 가능성이 있다. 따라서 남자는 대체로 일치특성을 더 많이 사용하는 관계로 이런 특성이 지속적으로 접근적이 되고 반면에 여자는 반대특성이 지속적으로 접근적이 되는 것으로 보인다.

두 번째 예상치 않은 결과는 남자에서는 일치특성을 잘 회상하는 촉진효과는 나타났지만, 억제효과는 나타나지 않았고 반면에, 여자는 반대특성에 대한 회상이 줄어드는 억제효과는 나타났지만 촉진효과는 나타나지 않았다. 이러한 결과는 앞에서 살펴본 일치/반대 특성 간 접근성 차이 때문에 나타난 것으로 보았다. 즉 고정관념이 활성화되었을 때 나타나는 촉진, 억제효과는 접근성이 낮은 특성에 대해서는 잘 나타나지 않은 것으로 보인다. Bargh 등(1986)의 연구에서도 지속적으로 비접근적인 특성은 점화되어도 동화효과가 약하게 나타난 결과를

보여주었다. 그렇다면 이러한 결과는 고정관념이 점
화되었을 때 일어나는 촉진/억제 효과는 그 일반성
이 제한되어야 한다는 것을 의미한다. 즉 이런 효과
는 관련된 특성이 어느 정도의 접근성 수준에 있을
때만 유의미하게 나타나고 접근성 수준이 낮을 때
는 효과가 충분히 나타나지 않는 것이다. 그러나 본
연구의 이러한 결론은 단지 하나의 특정한 고정관
념에서 나타난 결과이기 때문에 앞으로 다른 고정
관념을 대상으로 이러한 경향이 나타나는가를 살펴
볼 필요가 제기된다고 할 것이다.

연구 2에서는 고정관념이 활성화되었을 때 유의미
한 촉진이나 억제효과가 나타나기 위해서는 관련특
성이 어느 정도의 접근성 수준이 있어야 한다는 가
설을 제안하고, 억제가 일어나는 이유에 대해 기존
설명과는 다른 대안적 설명을 제시하였다. 기존 연
구자들은 억제의 이유로서 고정관념과 반대특성 간
억제적 활성화를 전파하는 부적 연합을 가정하였다.
연구 2-a에서는 기존의 설명과는 다르게 외측 억제
에 의한 설명을 제안하고 이것의 타당성을 알아보

았다. 실험의 논리는 고정관념을 활성화하기 전에 간섭적 특성의 접근성 수준을 높였을 때 이것에 대한 억제가 더 강하게 나타난다면 이것은 고정관념과 반대특성 간 단순한 억제적 연결을 가정하는 모형으로는 설명하기 어려운 결과가 된다. 이 모형에서는 억제적 효과가 약화될 것으로 예측하기 때문이다. 즉 고정관념의 활성화에 의한 반대특성에 미치는 억제적 효과는 이들을 사전에 점화를 함으로써 야기된 흥분적 활성화에 의해 상쇄가 될 것이기 때문이다.

반면에 잠재적 간섭을 약화하여 표상의 응집성을 높이기 위해서 억제가 일어난다고 보는 외측 억제적 설명은 억제효과를 예측한다. 이것의 설명은 다음과 같다. 역치하 점화를 통해서 사전에 반대특성의 접근성 수준을 높였기 때문에 그렇지 않았더라면 고정관념이 활성화되었을 때 약하게 활성화될 반대특성은 더 강하게 흥분적 활성화 상태에 있게 된다. 이것은 결국 일치특성에 대해 더 강한 간섭효과를 야기할 것이고 따라서 더 강한 억제가 예측되는 되는 것이다.

실험 결과, 고정관념을 점화하기 전에 반대특성이 역치하 수준에서 점화된 남자 피험자 집단에서는 연구 1에서 나타나지 않았던 유의미한 회상 감소가 나타났다. 즉 억제효과가 관찰되었다. 본 연구에서는 이러한 결과를 고정관념과 반대특성 간 부적 연합으로는 설명할 수 없고, 고정관념 표상의 응집성을 높이기 위해 간섭적 요인을 억제한다는 외측 억제적 설명을 지지하는 것으로 보았다.

그리고 연구 2에서는 여자 피험자를 대상으로 깡패 일치특성을 역치하 수준에서 사전 점화한 다음 고정관념을 활성화 시켰을 때, 실험 1에서 나타나지 않았던 촉진효과가 나타났다. 본 연구에서는 이것을 역치하 점화와 고정관념 점화를 통해 두 가지 활성화 효과가 가산적(additive)한 영향을 줌으로써 평상시 접근성 수준이 낮은 특성에 대해서 촉진효과가 나타난 것으로 보았다.

본 연구의 제한점은 연구 1에서 깡패 관련 특성의 접근성에서 남녀간 차이가 있다는 것을 이들의 회상량의 차이로 단지 가정한 점이다. 통상 지속적 접근성을 알아내는 방법은 Higgins 등(1982)이 사용한 절차이다. 이 절차에서는 피험자들에게 자신들이 좋아하는, 싫어하는, 사귀고 싶은, 회피하고 싶은, 자주 만나는 사람들의 특성의 리스트를 기술하게 하여 각 개인의 기술 리스트에서 제일 처음 나타나거나, 자주 나타나는 특성으로 지속적으로 접근 가능한 특성(chronically accessible)을 결정한다. 그리고 어떤 리스트에서도 언급되지 않은 특성은 그 개인에 있어서 지속적으로 접근 가능하지 않은(chronically inaccessible) 특성이 된다. 이러한 절차에 따라 본 연구의 가정을 보다 직접적으로 확인해 볼 필요가 있을 것이다. 즉 기존의 지속적 접근성을 파악하는 방법에 따라 깡패 일치특성에서 접근적인 사람과 비접근적인 사람을 대상으로 고정관념의 점화에 따른 촉진/억제 효과의 여부를 확인해 볼 필요가 있을 것이다.

앞으로의 연구를 위한 제안은 연구 1에서 나타난 결과를 보다 직접적으로 확인해 보기 위한 절차가 필요할 것으로 보인다. 즉 점화과제를 사용하여 깡패 고정관념의 일치특성(예를 들어: 난폭한)을 점화자극으로 제시한 후 목표자극을 반대특성(예를 들어: 온순한)을 제시하여 반응시간을 측정하였을 때 통제 집단에 비해 더 빠른 판단시간을 보인다면 이것은 이들 간 정적 관련을 맺고 있다는 증거가 될 것이다. 그리고 고정관념을 점화한 후 이 절차를 적용했을 때 목표자극(반대특성)에 대한 판단시간이 더 느려진다면 본 실험의 가정을 보다 직접적으로 지지하는 결과가 될 것이다.

그리고 고정관념의 활성화에 따른 억제효과를 기존의 어휘판단을 통한 연구나 본 연구에서처럼 회상 절차에서뿐 아니라, 직접 인상형성에 미치는 효과를 연구할 필요가 있을 것으로 보인다. 즉 고정관념이 활성화되었을 때 반대특성의 차원에서 어떤 대상에 대한 판단이 억제가 되었을 때 이것은 인상형성에 어떻게 영향을 주는가를 알아 볼 필요가 있을 것이다.

참고문헌

권준모, 이훈구, 이수정(1998). 사회심리학의 새로운 통로: 사회적 정보의 자동적 처리. **한국심리학회지: 사회 및 성격**, 12(1), 1-36.

김범준(2002). 사회적 범주화가 지역감정 형성에 미치는 영향. **한국심리학회지: 사회 및 성격**, 16(1), 1-18.

김선주(1994). 글 이해능력에 따른 억제기제 효율성과 대용어 참조 과정. 고려대학교 대학원 박사학위 청구 논문.

김혜숙(1999). 집단 범주에 대한 고정관념, 감정과 편견. **한국심리학회지: 사회 및 성격**, 13(1), 1-33.

안상수(1999). 지역-범주 점화과제에서 암묵적 고정관념 활성화와 억제효과. 경북대학교 박사학위 청구 논문.

이재호, 조혜자, 방희정(2001). 성별 고정관념의 암묵적 표상구조: 성별단서, 범주전형성 및 성별선호

도의 상호작용. 한국심리학회지: 여성, 6(3), 49-67.

조혜자(2001). 성고정관념: 왜 끈질긴가? 한국심리학회지: 여성, 6(3), 107-125.

최일호, 한성열(1997). 고정관념 활성화가 대인지각에 미치는 영향. 고려대학교. 인문 논집.

홍영오, 이훈구(2001). 암묵적 연합검사에 의한 지역 편견의 측정. 한국심리학회지: 사회 및 성격, 15(1), 185-204.

Allport, C. W.(1954). *The nature of prejudice.* Reading, MA: Addison-Wesley.

Anderson, M. C., & Bjork, R. A.(1994). Mechanisms in long-term memory: A new taxonomy. In Dagenbach, D., & Carr. T.(Eds.) *Inhibitory mechanism in attention, memory, and language.* San Diego: Academic Press. (pp.265-325).

Anderson, M. C., & Spellman, B. A.(1995). On the status of inhibitory mechainisms in cognition: Memory retrieval as a model case. *Psychological Review,* 102, 68-100.

Ashmore, R. D., & Del Boca, J. K.(1981). Conceptual approaches to stereotypes and stereotyping. In D. L. Hamilton(Ed.), *Cognitive processes in stereotyping and intergroup behavior* (pp.1-35). Hillsdale, NJ: Erlbaum.

Banaji, M. R., Hardin, C., & Rothman, A. J.(1993). Implicit stereotyping in Person Judgment. *Journal of Personality and Social Psychology, 2,* 272-281.

Bargh, J. A., Bond, R. N., Lombardi, W. J., & Tota, M. E.(1986). The additive nature of chronic and temporary sources of construct accessibility. *Journal of Personality and Social Psychology, 50,* 869-878.

Bargh, J, A.(1989). Conditional automaticity: Varieties of automatic influence in social perception and cognition. In J. S. Uleman and J. A. Bargh(Eds.), *Unintended thought*(pp.3-51). New York: Guildford.

Bargh, J. A., Chaiken, S., Govender, R., & Pratto, F.(1992). The generality of the automatic attitude activation effect. *Journal of Personality and Social Psychology, 62,* 893-912.

Bargh, J. A., Chaiken, S., Raymond, P., & Hymes, C.(1996). The automatic evaluation effect: Unconditional automatic attitude activation with a pronunciation task. *Journal of Experimental Social Psychology, 32,* in press.

Bargh, J. A., Lombardi, W. J., & Higgins, E. T.(1988). Automaticity of chronically accessible constructs in person × situation effects on person perception: It's just a matter of time. *Journal of Personality and Social Psychology, 55,* 599-605.

Bargh, J. A., & Pietromonaco, P.(1982). Automatic information processing and social perception: The influence of trait information presented outside awareness on impression formation. *Journal of Personality and Social Psychology, 43,* 437-449.

Bargh, J. A., & Thein, R. D.(1985). Individual construct accessibility, person memory, and the recall-judgment link. *Journal of Personality and Social Psychology, 49,* 1129-1146.

Blaxton, T. A., & Neely, J. H.(1983). Inhibition from semantically related primes: Evidence of a category-specific inhibition. *Memory and Cognition*, 11, 500-510.

Bodenhausen, G. V.(1988). Stereotypic biases in social decision making and memory: Testing process models of stereotype use. *Journal of Personality and Social Psychology*, 55, 726-737.

Bodenhausen, G. V., & Lichtenstein, M.(1987). Social stereotypes and information-processing strategies: The impact of task complexity. *Journal of Personality and Social Psychology* , 52, 871-880.

Bodenhausen, G. V., & Wyer, R. S., Jr.(1985). Effects of stereotypes on decision making and information-processing strategies. *Journal of Personality and Social Psychology*, 48, 267-282.

Brewer, M. B.(1988). A dual process model of impression formation. In R. S. Wyer, Jr. & T. K. Srull(Eds.), *Advances in social cognition*(Vol. 1, pp.1-36). Hillsdale, NJ: Erlbaum.

Brigham, J. C.(1971). Ethnic stereotypes. *Psychological Bulletin, 76*, 15-33.

Bruner, J.(1957). On perceptual readiness. *Psychological Review, 64*, 123-152.

Carlston, D. E.(1980). The recall and use of traits and events in social inference proesses. *Journal of Experimental Social Psychology, 16*, 303-328.

Cantor, N., & Mischel, W.(1979). Prototypes in person perception. In L. Berkowitz(Ed.), *Advances in experimental social psychology, 16*, 303-328.

Carr, T. H., & Dagenbach, D.(1990). Semantic priming and repetition priming from masked words: Evidence for a center-surround attentional mechanism in perceptual recognition. *Journal of Experimental Psychology: Learning, Memory, and Cognition, 16*, 341-350.

Collins, A. M., & Loftus, E. F.(1975). A spreading activation theory of semantic processing. *Psychological Review, 82*, 407-428.

Dagenbach, D., & Carr. T.(Eds.)(1994). *Inhibitory mechanism in attention, memory, and language.*

San Diego: Academic Press.

Devine, P. G.(1989). Stereotypes and prejudices: Their automatic and controlled components. *Journal of Personality and Social Psychology, 56,* 5-18.

Dijksterhuis, A., & van Knippenberg, A.(1995a). Timing of schema-activation and memory: Inhibited access to inconsistent information. *European Journal of Social Psychology, 25,* 383-390.

Dijksterhuis, A., & van Knippenberg, A.(1995b). *A posteriori stereotype-activation: Inhibited access to inconsistent information.* Unpublished manuscript, University of Nijmegen.

Dijksterhuis, A., & van Knippenberg, A.(1996). The knife that cuts both ways: Facilitated and inhibited access to traits as a results of stereotype activation. *Journal of Experimental Social Psychology, 32, 271-288.*

Dovidio, J, F., Evans, N., & Tyler, R. B.(1986). Racial stereotypes: The contents of their cognitive representation. *Journal of Experimental Social Psychology*, 32, 22-37.

Dovidio, J. F., & Gaertner, S. L.(1993). Stereotypes and evaluative intergroup bias. In D. M. Mackie and D. L. Hamilton(Eds.), *Affect, cognition, and stereotyping.* San Diego: Academic Press.

Erdley, C. A., & D'Agostino, P. R.(1988). Cognitive and affective components of automatic priming effects. *Journal of Personality and Social Psychology*, 54, 741-747.

Fazio, R. H., Sanbonmatsu, D. M., Powell, M. C., & Kardes, F. R.(1986). On the automatic activation of attitudes. *Journal of Personality and Social Psychology*, 50, 229-238.

Fiske, S. T., & Neuberg, S. L.(1990). A continuum model of impression formation from category-based to individuating processes: Influences of information and motivation on attention and interpretation. In M. P. Zanna(Ed.), *Advances in experimental social psychology*(Vol. 3, pp.1-74). San Diego: Academic Press.

Gernsbacher, M. A.(1990). Language comprehension as structure building. Hillsdale, NJ: Erlbaum.

Gernbacher, M.A., & Faust, M. E.(1991). The mechanism of suppression: A component of general comprehension skill. *Journal of Experimental Psychology: Learning, Memory and Cognition*, 17, 245-262.

Gilbert, D. T., & Hixon, J. G.(1991). The trouble of thinking: Activation and application of stereotypic beliefs. *Journal of Personality and Social Psychology*, 60, 509-517.

Hamilton, D. L., & Sherman, J. W.(1994). Stereotypes. In R. S. Wyer, Jr., & T. K. Srull(Eds.) *Handbook of social cognition*(2nd ed., Vol. 2, pp.1-68). Hillsdale, NJ: Erlbaum.

Hamilton, D. L., & Troiler, T. K.(1986). Stereotypes and stereotyping: An overview of the cognitive approach. In J. F. Doviodo & S. L. Gaertner(Eds.), *Prejudice, discrimination, and racism*(pp.127-163). Orlando, FL: Academic Press.

Hasher, L., & Zacks, R. T.(1988). Working memory, comprehension, and aging: A review and a new view. In G. H. Bower(Ed.), *Psychology of learning and motivation*(Vol. 22, pp.193-224). San Diego, CA: Academic Press.

Higgins, E. T., & Bargh, J. A.(1987). Social cognition and perception. *Annual Review of Psychology*, 38, 369-425.

Hiigins, E. T., Bargh, J. A., & Lombardi, W.(1985). The nature of priming effects on categorization. *Journal of Experimental Psychology: Learning, Memory and Cognition*, 11, 59-69.

Higgins, E. T., Rholes, W. S., & Jones, C. R.(1977). Category accessibility and impression formation. *Journal of Experimental Social Psychology*, 13, 141-154.

Hintzman, D. L.(1986). "Schema abstraction" in a multiple-trace memory model. *Psychological Review*, 93, 258-268.

Houghton, G., & Tipper, S. P.(1994). A model of inhibitory mechanisms in selective attention. In

Dagenbach, D., & Carr. T.(Eds.) *Inhibitory mechanism in attention, memory, and language.* San Diego: Academic Press.(pp.53-112)

Kahneman, D., & Triesman, A. M.(1984). Changing views of attention and automaticity. In R. Parasuraman & D. Davies(Eds.), *Varieties of attention*(pp.29-61). San Diego, CA: Academic Press.

Kunda, Z., & Oleson, K. C.(1995). Maintaining stereotypes in the face of disconfirmation: Constructing grounds for subtyping deviants. *Journal of Personality and Social Psychology,* 68, 565-579.

Macrae, C. N., Bodenhausen, G. V., & Milne, A. B.(1995). The dissection of selection person perception: Inhibitory processes in social stereotyping. *Journal of Personality and Social Psychology,* 69, 397-407.

Macrae, C. N., Milne, A. B., & Bodenhausen, G. V.(1994). Stereotypes as energy-saving devices: A peek inside the cognitive toolbook. *Journal of Personality and Social Psychology,* 66, 37-47.

Macrae, C. N., Stangor, C., & Milne, A. B.(1994). Activating social stereotypes: A functional analysis. *Journal of Experimental Social Psychology, 30,* 370-389.

Neely, J. H.(1977). Semantic priming and retrieval from lexical memory: Roles of inhibitionless spreading activation and limited capacity attention. *Journal of Experimental Psychology: General, 1,* 226-254.

Neely, J. H., Schmidt, S. R., & Roediger, H. L.(1983). Inhibition from related primes in recognition memory. *Journal of Experimental Psychology: Learning, Memory, and Cognition, 9, 196-211.*

Neil,W. T., & Westberry, R. L.(1987). Selective attention and the suppression of cognitive noise. *Journal of Experimental Psychology: Learning, Memory, and Cognition, 13, 327-334.*

Neumann, E., & DeSchepper, B. G.(1992). An inhibition-based fan effect: Evidence for an active suppression mechanism in selective attention. *Canadian Journal of Psychology, 46,*

1-40.

Norman, D. A., & Shallice, T.(1986). Attention to action. In R. J. Davidson, G. E. Schwartz, & D. Shapiro(Eds), *Consciousness and self-regulation* (Vol. 4, pp.1-18). New York: Plenum.

Pendry,L. J., & Macrae, C. N.(1994). Stereotypes and mental life: The case of the motivated by thwarted tactician. *Journal of Experimental Social Psychology*, 30, 303-325.

Perdue, C. W., Dovidio, J. F., Gurtman, M. B., & Tyler, R. B.(1990). "Us" and "Them": Social categorization and the process of intergroup bias. *Journal of Personality and Social Psychology*, 59, 475-486.

Perdue, C. W., & Gurtman, M. B.(1990). Evidence for the automaticity of ageism. *Journal of Experimental Social Psychology*, 26, 199-216.

Rosch, E. R.(1975). Cognitive representations of semantic categories. *Journal of Experimental Psychology: General, 104, 192-233.*

Sherman, J. W.(1996). Development and mental representation of stereotypes. *Journal of Personality and Social Psychology*, 6, 1126-1141.

Smith, E. R.(1990). Content and process specificity in the effects of prior experiences. In T. K. Srull & R. S. Wyer, Jr.(Eds.), *Advances in social cognition*(Vol. 3, pp.1-59). Hillsdale, NJ: Erlvaum.

Smith, E. R., & Zarate, M. A.(1992). Exemplar based model of social judgment. *Psychological Review*, 99, 3-21.

Srull, T. K., & Wyer, R. S., Jr.(1979) The role of category accessibility in the interpretation of information about persons: Some determinants and implications. *Journal of Personality and Social Psychology*, 37, 1660-1672.

Srull, T. K., & Wyer, R. S., Jr.(1980). Category accessibility and social perception: Some implications for the study of person memory and interpersonal judgments. *Journal of Personality and Social Psychology*, 38, 841-856.

Stangor, C., & Lange, J. E.(1994). Mental

representations of social group: Advances in understanding stereotypes and stereotyping. *Advances in Experimental Social Psychology.* 26, 357-416.

Taylor, S. E.(1981). A categorization approach to stereotyping. In D. L. Hamilton(Ed.), *Cognitive processes in stereotyping and intergroup behavior* (pp.88-114). Hillsdale, NJ: Erlbaum.

Tipper, S. P.(1985). The negative priming effect: Inhibitory effects of ignored primes. *Quarterly Journal of Experimental Psychology,* 37A, 571-590.

Tipper, S. P., & Driver, J.(1988). Negative priming between pictures and words: Evidence for semantic analysis of ignored stimuli. *Memory and Cognition,* 16, 64-70.

Wyer, R. S., & Srull, T. K.(1986). Human cognition in its social context. *Psychological Review,* 93, 322-359.

Zarate, M. A., & Smith, E. R.(1990). Person categorization and stereotyping. *Social Cognition,* 8, 161-185.

· 저자 ·

최일호   **· 약 력 ·**
(崔逸虎)
　　　　고려대학교 심리학과
　　　　고려대학교 심리학과 대학원
　　　　고려대학교 사회심리학 박사
　　　　성균관대학교 아동학과 연구교수
　　　　현　명지대학교 바둑학과 교수

　　　　· 주요논저 ·

　　　　「고정관념 활성화에 따른 촉진 억제 효과 연구」
　　　　「고정관념 활성화가 대인지각에 미치는 영향」
　　　　「새로운 생각은 어떻게 가능한가」
　　　　「인간의 사고과정을 들여다 볼 수 있는가」
　　　　외 다수

고정관념의 작용기제

· 초판 인쇄	2006년 2월 28일
· 초판 발행	2006년 2월 28일
· 지 은 이	최일호
· 펴 낸 이	채종준
· 펴 낸 곳	한국학술정보㈜
	경기도 파주시 교하읍 문발리 526-2
	파주출판문화정보산업단지
	전화　031) 908-3181(대표)·팩스　031) 908-3189
	홈페이지　http://www.kstudy.com
	e-mail(e-Book사업부)　ebook@kstudy.com
· 등　　록	제일산-115호(2000. 6. 19)
· 가　　격	10,000원

ISBN　89-534-4752-6 93180 (Paper Book)
　　　　89-534-4753-4 98180 (e-Book)